현실을 이기는 복음

현실을 이기는 복음

지은이 황덕영
펴낸이 임상진
펴낸곳 (주)넥서스

초판 1쇄 발행 2015년 12월 20일
초판 7쇄 발행 2023년 3월 10일

출판신고 1992년 4월 3일 제311-2002-2호
주소 10880 경기도 파주시 지목로 5
전화 (02)330-5500 팩스 (02)330-5555

ISBN 979-11-5752-627-7 03230

저자와 출판사의 허락 없이 내용의 일부를 인용하거나
발췌하는 것을 금합니다.
저자와의 협의에 따라서 인지는 붙이지 않습니다.

가격은 뒤표지에 있습니다.
잘못 만들어진 책은 바꾸어드립니다.

www.nexusbook.com

현실을 이기는 복음

황덕영 지음

넥서스CROSS

저자의 글

어릴 때 예수님을 만났습니다. 아니 정확히 말하면 예수님께서 찾아오셨습니다. 하나님의 은혜입니다. 예수님은 더 이상의 상징이나 추상적인 존재가 아니었습니다. 억지로 되뇌어야 할 고리타분한 종교적 대상도 아니었습니다. 어린아이의 가슴도 느끼고 받아들이며 감격해할 수 있는 참 사랑과 생명의 주님이셨습니다. 주님을 만난 후 주님 앞에 나의 사랑과 생명도 드리겠다고 하였습니다.

세월이 어느덧 흘러 목사가 되어 많은 사람에게 하나님의 말씀을 전하고 있습니다. 그러나 여전히 주님의 사랑과 그 은혜가 필요합니다. 나를 살리시고 나를 주님의 자녀 삼으신 주님의 사랑에 늘 갈급합니다. 하나님의 사랑은 늘 역동하고 있습니다. 하나님의 사랑은 지치지 않습니다. 깨어지고 찢겨져 있는 우리의 인생일지라도 그 사랑이 우리를 다시 일어서게 하고 강하게 합니다.

하나님의 사랑 안에 복음의 메시지가 담겨 있습니다. 복음은 멈추어 있지 않습니다. 시대가 흐른다고 낡아지지 않습니다. 날마다 새롭습니다. 차별도 없습니다. 놀라운 것은 나에게도 찾아오시는 하나님의 손길입니다. 그리고 그 사랑의 손길을 느끼며 체험할 때마다 주님께서 부르시는 날까지 사랑하는 주님을 전하고 싶은 갈망이 생깁니다. 이 책은 이러한 갈망이 엮어진 것입니다. 그동안 설교했던 말씀들 중에 특별히 복음에 관한 것들을 다시 정리한 것입니다.

인간사에 있는 명언이나 예화를 바탕으로 한 책이 아니라, 지금도 살아 역사하시는 하나님의 말씀을 바탕으로 했기에 성도가 아닌 사람들에게는 다소 생소할 수 있습니다. 그러나 복음은 누구에게나 위로와 소망, 생명과 능력을 줍니다. 하나님의 말씀은 지금도 힘 있게 살아 역사하고 있습니다. 성도가 아닌 사람들에게는 영생을, 성도이지만 삶과 신앙까지도 흔들리고 있는 사람들에게는 확신과 일어날 힘을, 이미 복음의 능력을 경험하고 있는 사람들에게는 더 크고 놀라운 믿음의 지평이 열려지기를 소망합니다.

이 책은 총 4개의 PART로 구성되어 있고, 각 PART에는 4개의 주제로 이뤄져 있습니다. 그리고 각 주제의 마지막에는 나 자신을 돌아보고 적용해 볼 수 있는 2개의 질문이 있습니다. 때문에 이 책은 다른 책들과 마찬가지로 정독해도 좋지만, 한 주에 한 주제씩 공부하며 삶을 실습해 보는 것도 좋을 것 같습니다. 혼자서도 좋고, 그룹 안에서 활용해도 좋을 것입니다.

미약하나마 이 책을 통해 여러분의 삶에 하나님의 큰 축복이 있기를 소망합니다. 그리고 무너져가는 한국 교회에 다시금 복음의 소식이 능력 있게 전해질 수 있기를 간구합니다. 오직 예수 그리스도만이 생명이요, 소망입니다. 이 능력의 복음을 통해 현실을 이기고 영원한 천국의 소망으로 주님 앞에 아름답게 쓰임받는 모든 분이 되시기를 기도드립니다. 은혜와 사랑으로 붙드시고 인도하시는 하나님께 모든 영광을 올려드립니다.

황덕영 목사

차례

저자의 글 · 5

Part 1 다시 복음으로

1. 복음이란 무엇인가? · 13
복음은 무엇인가? 복된 소식이다 | 복음으로 살아야 한다? 믿음으로 살아야 한다! | 복음에 빚진 자로서 사명을 감당해야 한다 | 복음의 능력만이 현실을 이길 수 있다

2. 예수 그리스도를 말하다(1) · 31
예수 그리스도의 나심 | 하나님 사랑의 증표 | 복음의 핵심

3. 예수 그리스도를 말하다(2) · 49
십자가 묵상의 필요성 | 예수님의 수난_체포 | 예수님의 수난_배반 | 예수님의 수난_심문 | 예수님의 수난_십자가 | 예수님의 부활

4. 구원을 주시는 하나님의 능력 · 69
구원을 받는 길, 오직 믿기만 하라! | 복음의 능력을 경험하라! | 복음의 사명자로 거듭나라!

Part 2 신앙은 체험되어야 한다

1. 네가 나를 사랑하느냐 · 89
주님은 나를 사랑하신다 | 주님의 사랑에 반응하라 | 사랑의 새 역사를 쓰라

2. 참된 고백과 거듭남 · 107
참된 신앙고백 | 거듭남

3. 죄 사함의 은혜 · 123
죄의 침투 | 죄 사함의 은혜

4. 예수를 따르는 삶 · 139
진정 예수를 따르겠는가? | 참된 제자의 길을 가라

Part 3 신앙의 지경을 확장하라

1. 예배로 시작하라 • 157
성도의 삶은 예배이다 | 참된 예배를 드리라

2. 기도로 무장하라 • 175
기도는 어떻게 해야 하는가? | 무엇을 위해 기도해야 하는가? | 왜 기도해야 하는가? | 아버지의 원대로 하옵소서!

3. 하늘의 소식을 전하라 • 193
성령을 구하라 | 하늘의 능력으로 복음을 전하라 | 하늘의 소식, 사랑을 전하라

4. 하나님의 시대적 열정 • 209
역사의 주관자이신 하나님 | 시대를 향한 하나님의 열정

Part 4 현실을 이기는 복음

1. 생수의 강 • 227
목마름 없는 인생 | 성령의 충만함을 구하라

2. 하늘 문이 열리는 위대한 인생 • 243
땅의 것과 하늘의 것 | 하나님의 영광 | 위대한 인생

3. 충만한 기쁨 • 261
현실을 이기는 복음 | 충만한 기쁨을 누리라

4. 하늘의 자유를 경험하라 • 275
성령이 임하시면 역사가 일어난다 | 성령의 능력의 원천은 예수님이시다 | 여호와의 은혜의 해를 선포하라

PART
01

다시
복음으로

PART 01
다시 복음으로

1. 복음이란 무엇인가?
2. 예수 그리스도를 말하다(1)
3. 예수 그리스도를 말하다(2)
4. 구원을 주시는 하나님의 능력

1 복음이란 무엇인가?

winning
gospel

한국 교회의 역사는 그리 오래되지 않았다. 그럼에도 불구하고 대한민국에는 수많은 교회가 세워지고, 주일날 아침이면 많은 교회에 예배를 드리려는 성도들이 넘쳐나는 것은 참으로 감사한 일이다. 물론 한국 교회를 향한 따가운 시선도 있고, 그 책임 또한 우리에게 있는 것도 사실이다. 하지만 여전히 교회가 세워지고, 예배를 드릴 수 있는 은혜가 있다는 것은 희망이 있다는 뜻이 아닐까? 때문에 감사할 수밖에 없다.

1 복음이란 무엇인가?

복음은 무엇인가?
복된 소식이다

교회의 머리는 예수 그리스도이시다. 또 주님의 몸이 교회이다. 우리 각 사람이 주님의 교회요, 지역 교회 모두 하나님의 교회인 것이다. 그렇다면 교회의 기초는 어디에 있는 것일까? 교회의 기초는 세상에 있지 않다. 즉 세상의 가치와 철학, 경영 위에 있지 않다는 것이다. 교회의 기초는 복음이다. 복음이란 무엇인가? 복된 소식이다. 예수 그리스도로 말미암아 우리가 영원한 생명을 얻는다는 이 기쁨의 소식이 바로 복음이다. 예수님의 수제자 베드로의 고백과 예수님의 대답에서 우리는 이 사실을 확인할 수 있다.

"[16]시몬 베드로가 대답하여 이르되 주는 그리스도시요 살아 계신 하나님의 아들이시니이다 [17]예수께서 대답하여 이르시되 바요나 시몬아 네가 복이 있도다 이를 네게 알게 한 이는 혈육이 아니요 하늘에 계신 내 아버지시니라 [18]또 내가 네게 이르노니 너는 베드로라 내가 이 반석 위에 내 교회를 세우리니 음부의 권세가 이기지 못하리라"_〈마태복음 16:16~18〉

예수님은 우리의 구원자가 되신다. 예수님은 길이고 진리요, 생명이시다. 이 고백 위에 교회가 세워졌다. 당신은 예수님이 길이고 진리요, 생명이신 것을 믿는가? 예수님이 길이라고 고백한다는 것은, 다시 말해 나 자신에게는 길이 없다는 것을 고백하는 것과 같다. 주님이 생명이시라는 것은, 주님이 없으면 나에게는 생명이 없다는 것과 같다는 것이다.

로마에 있는 로마 교회도 이 복음 위에 세워졌다. 바울을 통해서 이 복음을 듣고 아름답게 성장했다. 〈로마서〉 1장에서 바울은 다음과 같이 말했다.

"14헬라인이나 야만인이나 지혜 있는 자나 어리석은 자에게 다 내가 빚진 자라 15그러므로 나는 할 수 있는 대로 로마에 있는 너희에게도 복음 전하기를 원하노라 16내가 복음을 부끄러워하지 아니하노니 이 복음은 모든 믿는 자에게 구원을 주시는 하나님의 능력이 됨이라 먼저는 유대인에게요 그리고 헬라인에게로다 17복음에는 하나님의 의가 나타나서 믿음으로 믿음에 이르게 하나니 기록된 바 오직 의인은 믿음으로 말미

암아 살리라 함과 같으니라"_〈로마서 1:14~17〉

핵심은 바로 이것이다. '나는 할 수만 있는 대로 너희에게로 가서 복음 전하기를 원한다.' 바울은 로마 교회가 복음으로 시작한 교회인데, 복음을 한 번 듣고 끝나는 것이 아니라 계속해서 다시 복음으로 돌아가기를 원했다. 그래서 할 수만 있는 대로 다시 복음을 들려주기 원한다고 말한 것이다.

한국 교회는 복음 가운데 세워졌고, 과거에도 복음을 들었을 뿐만 아니라 오늘날에도 여전히 복음은 들려져야 한다. 하지만 중요한 것은 복음을 듣고 그냥 지나가는 것이 아니라 복음을 듣고 새로워져야 한다는 것이다. 날마다 복음으로 살아야 한다는 의미이다.

복음으로 살아야 한다?
믿음으로 살아야 한다!

날마다 복음으로 살아야 한다는 것은, 다시 복음을 붙잡는다는 것을 뜻한다. 이것은 믿음과 연관되어 있다. 복음으로 돌아간다는 것은 다시금 믿음으로 사는 것이다.

> "복음에는 하나님의 의가 나타나서 믿음으로 믿음에 이르게 하나니 기록된 바 오직 의인은 믿음으로 말미암아 살리라 함과 같으니라"_〈로마서 1:17〉

믿음에는 대상이 중요하다. 세상의 모든 사람은 나 자신을 믿든지, 세상을 믿든지 그 어떤 것이든 믿는다. 그러나 우리에게 믿음의 대상은 오직 예수님뿐이다. 하나님이신 예수님, 이 복음을 믿어야 한다. 복음에는 하나님의 의가 나타나서 죄인인 우리를 의롭게 한다. 이 얼마나 큰 은혜인가! 이 믿음으로 영원히 죽을 수밖에 없는 우리는 구원을 받았다. 우리 신앙생활의 처음도 믿음이요, 과정도 믿음이며, 결론도 믿음이다. 그렇다면 우리는 어떻게 예수님을 믿게 되는가? 어떻게 해야 예수님을 온전히 붙잡는 인생이 될 수 있는가?

나는 사역을 하면서 많은 사람을 만나 보았다. 기독교인도 만나 보았고, 비기독교인도 만나 보았다. 그중 많은 기독교인이 고민하기를 믿음이 있었으면 좋겠는데, 믿음이 잘 생기지 않는다고 했다. 또는 큰 믿음을 소유하고 싶은데, 어떻게 해야 큰 믿음을 가질 수 있냐며 물었다. 반면, 비기독교인은 참된 믿음이 있냐고 반문하면서 어떻게 믿음이 생기냐고 신기해했다.
당신은 진정 믿음이 있는가? 복음이 무엇인지 확실히 알며, 다시 복음으로 돌아가길 소망하는가? 진짜 기독교인이 되길 원한다면, 나 자신부터 돌아보고 확실하게 깨달아야 한다.

나의 죄성, 즉 내가 얼마나 추악하고 죽을 수밖에 없는 흉악한 죄인인지를 깨달아야 한다. 나의 겉모습, 세상의 평판이 아닌 영적 실체를 바로 알아야 한다는 것이다. 그래야만 비로소 구원자가 필요하기 때문이다. 믿음의 대상인 예수님을 온전히 붙잡을 수 있게 되는 것이다. 결단코 내가 죄인임을 고백하지 않는 사람은 구원자를 필요로 하지 않는다. 내가 잘났기 때문에, 스스로 잘 살아왔기 때문에 누군가의 도움이 필요하지 않은 것이다. 나 자신도 모르게 자신을 믿고 숭배하고 있는 것이다.

하나님은 죄인된 우리를 부르기 위해 이 땅에 오셨다. 병든 사람에게 의사가 필요하지, 건강한 사람에게는 의사가 필요 없다고 말씀하셨다. 아직 나의 추악함과 흉악함을 보지 못했는가? 성령님에게 간구하라. 성령님이 임하면 우리의 영적인 눈을 활짝 열어 주신다. 우리의 죄성을 보게 하실 것이다. 우리의 영적 실체를 보게 하신다. 그래서 '나는 연약하다, 나는 부족하다, 나는 죄인이다'는 고백을 하게 하실 것이다. 주님을 찾게 하실 것이고, 오직 주님만으로 이 세상을 살아갈 힘을 주실 것이다.

하나님이 에스겔 선지자를 데리고 마른 뼈 골짜기를 가신 것처럼, 우리에게 마른 뼈를 보게 하실 때 비로소 우리 인생 가운데 복음의 역사가 시작되는 것이다. 황홀하고 아름다운 것만이 하나님의 비전이 아니라 나의 영적 실체를 보게 하시는 것도 하나님의 비전이다. 왜냐하면 나의 연약함을 알고 죄성을 깨닫는 것에서부터 복음이 시작되기 때문이다.

믿음을 붙잡는다는 것은 나의 힘과 능력으로 하는 것이 아니라 하나님의 능력으로 내가 구원받았음을 고백하는 것이다.

한국 교회도 마찬가지이다. 인간의 힘으로, 세상의 방식으로 하나님이 인도하신 것이 아니다. 모든 것이 하나님의 은혜로 된 것이다. 하나님이 없으면 아무것도 아닌 우리의 삶과 가정과 교회가 모두 은혜로 된 것이다. 우리의 인생 전체가 은혜라는 것이다. 이것이 바로 나의 연약함을 깨닫고 온전히 예수 그리스도를 붙잡는 것이다.

예수님은 누구신가? 내가 죽을 때, 내가 죄로 인하여 죽을 수밖에 없을 때 십자가에서 죽으심으로 나를 살리신 분이다. 예수님의 십자가 은혜로 우리가 의롭다 칭함을 받은 것이다.

다시 복음으로 돌아가는 것은, 나를 의지하는 것이 아니라 하나님만을 의지하는 것이다. 성령님이 우리의 인생 가운데 오사, 우리의 영적 실체를 바로 알게 하시길 바란다. 그리하여 예수 그리스도를 온전히 믿고 의지할 수 있는 인생이 되길 바란다. 과거에도 믿었고, 오늘도 믿으며, 남은 인생 가운데도 믿을 예수님을 입으로만 믿는 것이 아니라 진실로 믿을 수 있길 소망한다. 그때 비로소 우리의 인생을 주님이 주장하여 주실 것이다. 하나님의 영광을 위하여 인생 전체가 쓰임받는 우리 모두가 되길 기도한다.

복음에 빚진 자로서
사명을 감당해야 한다

'다시 복음으로 돌아간다'는 것은 '믿음으로 사는 것'과 동시에 사명으로 사는 것이다. 바울은 자신을 가리켜 '복음에 빚진 자'라고 했다.

> "14헬라인이나 야만인이나 지혜 있는 자나 어리석은 자에게 다 내가 빚진 자라"_〈로마서 1:14〉

복음에는 차별이 없다. 남녀노소를 불문하고, 어떤 언어와 문화, 시대를 막론하고 차별 없는 것이 바로 하나님의 복음이다. 그 복음을 바울이 받은 것이다. 여전히 세상 가운데에는 복음을 알지 못하는 수많은 영혼이 있는데, 바울이 먼저 그 은혜의 복음을 받은 것이다. 그 크신 하나님의 사랑을 경험한 것이다. 하나님이 바울을 먼저 찾아와 주셨고, 예수님을 믿게 하신 것이다. 입으로 시인하여 구원에 이르게 된 것이다. 그래서 바울은 '복음에 빚진 자'라고 자신을 가리켰다. 더불어 바울은 빚진 자라고 고백하는 데서 그치지 않았다. 복음을 받지 못한 영혼들에게 복음을 나누면서 빚을 갚는 인생으로 살기를 다짐했다.

하나님께서는 오늘날 우리에게도 바울과 같은 놀라운 비전을 주셨다. 바울과 같이 복음에 빚진 자로서 고백하고 다짐하며 나아가길 원하신다. 믿음으로 살기를 원하면서 사명은 여전히 목사나 전도사 또는 선교사의 일이라 치부하고 있는가? 진정 복음을 만난 사람은 남녀노소 누구나 복음을 전할 사명을 붙잡게 된다. 그것이 진리이다.

이제 복음을 받지 못한 불쌍한 영혼들에게 복음을 나누면서 빚을 갚는 인생이 되어야 한다. 나로 인해 예수님이 십자가에 죽으시고 부활하신 것을 믿는가? 입술로 고백하는가? 그렇다면 사명으로 살아갈 수 있어야 한다. 고백하는 것에서 그치지 말고 하나님의 사랑을 경험하고 체험하며 전하는 삶을 살아야 한다. 그리스도와 함께 십자가에 못 박는 인생을 살아야 하는 것이다. 그러니 이제는 내가 사는 것이 아니다. 내 안의 그리스도가 사는 것이요, 예수님을 믿고 구원을 받는 것으로 끝나는 것이 아니라 내 안의 그리스도가 주신 사명을 감당해야 한다.

"내가 달려갈 길과 주 예수께 받은 사명 곧 하나님의 은혜의 복음을 증언하는 일을 마치려 함에는 나의 생명조차 조금도 귀한 것으로 여기지 아니하노라"_〈사도행전 20:24〉

내 안의 그리스도는 복음을 전하라고 말씀하신다. 위의 바울의 고백이 우리의 고백이 될 수 있기를 기도하라. 복음으로 사는 인생은 분명히 달려갈 길과 주 예수께 받은 사명이 있다. 아직 보이지 않는다면, 처음으로 돌아가 나 자신의 영적 실체부터 발견해야 한다. 믿음과 사명은 별개의 문제가 아니다. 믿는 자에게는 반드시 사명이 따른다. 사명이 있는 사람은 삶 또한 달라진다. 고난이 있어도 헤쳐 나갈 힘이 있고, 세상의 쓰나미가 쉬지 않고 몰아쳐도 주저앉지 않는다. 그 안에 영원한 생명이 있는데 무엇이 두렵겠는가!

하나님이 이 땅에 누군가를 사용하기 원하신다면, 그것이 내가 될 수 있길 기도하라. 그 가정이 우리 가정이 되고, 그 교회가 우리 교회가 되길 기도하라. 세상의 눈으로 보았을 때 보잘것없이 하찮은 인생이라 할지라도, 진정 주님이 사용하시고자 한다면 반드시 그 사명에 합당한 옷을 입혀 주실 것이다. 능력을 주실 것이며, 협력하여 선을 이루어 주실 것이다. 이것이 바로 우리가 오늘날 믿음과 더불어 사명으로 살아가야 하는 이유이다. 사명 없는 믿음이라면 그것은 온전하지 못한 반쪽짜리 인생이다. 믿음이 있다면 반드시 사명을 감당하라!

"또 이르시되 너희는 온 천하에 다니며 만민에게 복음을 전파하라"_〈마가복음 16:15〉

복음을 전파하는 사명은 무조건 외국으로 선교를 떠나라는 말이 아니다. 일 년에 한 번 떠나는 단기선교에 매년 참여했다고 사명을 모두 감당하고 살았다고 오해하시 않길 바란다. 온 천하를 다니며 만민에게 복음을 전파하라는 말씀은 내가 지금 서 있는 자리에서부터 복음을 전파하라는 것이다. 나의 가정과 회사, 이웃에게 복음을 전하며 사는 것에서부터 사명은 시작되는 것이다. 복음으로 새로워진 나의 삶 자체로 그리스도의 향기를 뿜어낼 수 있는 것이야말로 진정한 복음 전파의 모습이 된다.

"오직 성령이 너희에게 임하시면 너희가 권능을 받고 예루살렘과 온 유대와 사마리아와 땅 끝까지 이르러 내 증인이 되리라 하시니라"_〈사도행전 1:8〉

성령님이 임하시면 우리의 삶은 복음으로 새로워진다. 내가 새로운 삶을 살려고 발버둥치는 것이 아니라 성령님의 능력으로 말미암아 완전히 변하는 것이다. 그리고 성령님이 주시는 권능으로 인해 그리스도의 증인이 되는 것이다.

나의 의지와 노력으로는 한계가 있다. 며칠 가지 못해 나의 옛 사람이 나오게 된다. 새 사람이 되었는가? 날마다 복음으로 다시 돌아가고자 해야 한다. 믿음으로 살며, 사명을 감당하길 소망해야 한다. 하나님의 은혜를 경험한 사람이라면, 그 벅찬 사랑의 감동으로 인해 가만히 있을 수 없을 것이다.

복음의 능력만이
현실을 이길 수 있다

바울은 다메섹으로 가는 길에 예수님을 만났다. 복음을 만나고 경험한 것이다. 그리고 그의 인생 전체가 바뀌었다. 인생의 가치관과 삶의 목표가 모두 바뀐 것이다. 과거를 다 버리고, 세상의 모든 지식을 배설물과 같이 여겼다. 뿐만 아니라 하나님을 아는, 예수 그리스도를 아는 지식이 가장 고상하다고 고백했다. 복음의 능력을 경험하기 이전에는 자신의 영광을 위해서 살았던 그가, 예수 그리스도를 만난 이후에는 오직 하나님의 영광을 위해서 살게 된 것이다. 바울 자신의 의지가 아니라 오직 복음의 능력으로 바뀐 것이다.

"[7]그러나 무엇이든지 내게 유익하던 것을 내가 그리스도를 위하여 다 해로 여길뿐더러 [8]또한 모든 것을 해로 여김은 내 주 그리스도 예수를 아는 지식이 가장 고상하기 때문이라 내가 그를 위하여 모든 것을 잃어버리고 배설물로 여김은 그리스도를 얻고 ⁹그 안에서 발견되려 함이니 내가 가진 의는 율법에서 난 것이 아니요 오직 그리스도를 믿음으로 말미암은 것이니 곧 믿음으로 하나님께로부터 난 의라"_〈빌립보서 3:7~9〉

바울은 삶의 이유도 그리스도요, 목적도 그리스도였으며, 존재의 이유도 그리스도였다. 복음의 능력을 입은 바울은 자신의 생명과 인생 전체를 걸 만한 푯대를 발견한 것이다. 기독교인이라 말하는 당신도, 예수님을 만나고 믿으며 복음의 증인이라 말하는 당신도 과연 바울과 같은가? 우리는 이 시점에서 곰곰이 생각해 봐야 한다. 공부하는 이유가, 결혼하고 자녀를 낳아 키우며 직장을 다니는 이유가, 먹고사는 모든 이유가 그리스도라 할 수 있는가? 그리스도가 나의 삶과 꿈과 야망을 모두 지배하고 있는가?

복음의 능력을 경험한 사람이라 함은, 예수 그리스도에게 나 자신의 모든 것을 드린 사람을 뜻한다. 복음의 능력을 알기에, 그 복음을 위해서 담대히 나아갈 수 있는 것이다. 예수님의 열두 제자 중 열 명이 순교했다. 복음을 위해서 자신의 삶을 드린 것이다. 우리 신앙의 선배들도 마찬가지였다. 복음을 위해 목숨을 아끼지 않고 내놓았다. 그들의 의지가 아닌 주님의 보혈 능력을 힘입어 목숨까지 바쳐 복음을 지킬 수 있었던 것이다. 날마다 믿음으로 살며, 사명을 감당하길 원하는가? 복음의 능력을 경험하면 자동적으로 이루어질 문제이다.

　사람은 참으로 연약하고, 기본적으로 죄성을 가진 존재이다. 때문에 매일매일 말씀을 묵상하고 기도하며 십자가 앞에 자신을 쳐서 복종시켜야 한다. 잠시 잠깐이라도 한눈을 판다면 평생의 수고가 한 순간에 와르르 무너져버릴 것이다.
　복음의 능력도 마찬가지이다. 복음의 능력이 우리의 인생 가운데 끊어지지 않도록 간구하라. 내 안에 그리스도가 날마다 살아 숨 쉬며 영원한 생명이 샘솟는다면, 현재의 고난과 아픔, 시련이 다 덧없음을 깨닫게 될 것이다. 뿐만 아니라 이는 당신이 처한 현실을 이길 방패와 무기가 될 것이다.

　예수님을 믿고 구원받는 것 그리고 그 믿음으로 예수를 위해 사는 것이 우리의 최고 목표임을 기억하라. 믿음만이 우리를 의롭게 하며, 의롭게 된 우리는 최후의 날 하나님 앞에 서게 될 것이다. 그러기 위해 끝날까지 우리는 믿음을 붙잡는 성도의 삶을 살아야 한다. 우리는 계속해서 말씀을 들어야 하고, 복음의 기쁜 소식을 들어야 한다. 예수님이 나를 대신해 십자가에서 죽으시고 부활하신 이 사실을 절대로 잊어서는 안 된다. 붙잡고 또 붙잡아야 한다. 믿고 또 믿어야 한다.

교회를 향한 세상의 시선이 얼음장같이 차가운 요즘, 기독교인으로 살아가는 것은 참으로 쉽지 않다. 그러나 복음의 능력을 힘입어 삶이 변화되어 복음의 광선을 비출 수 있는 우리가 되길 바란다. 복음을 부끄러워하는 인생이 아니라 복음을 자랑할 수 있는 축복된 삶이 되길 소망한다. 이것이 복음의 능력이요, 권능이다. 삶의 모든 문제와 어려움 가운데서도 오직 예수 그리스도만 붙잡고 승리하는 우리가 되어야 한다. 하나님의 영광을 위하여 쓰임받는 아름다운 인생은 복음으로 가능한 것이며, 이 복음만이 현실을 이길 완전한 해답이다.

- 복음이란 무엇인가? 성경 인용이나 남의 글을 요약하는 정도가 아닌 나에게 있어서 복음은 무엇인지 정리해 보자.

- 당신은 언제, 어디서, 어떻게 예수님을 만났는가? 나의 신앙 여정을 정리해 보자. 글, 그림 그 어떤 방법이라도 상관없다. 다만, 나 개인의 신앙 여정을 정리해 보자.

2 예수 그리스도를 말하다(1)

winning
gospel

매년 12월 25일이면 지구촌 전체가 들썩인다. 바로 성탄절 때문이다. 당신은 성탄절의 진정한 의미를 알고 있는가? 세상에는 성탄절과 관련하여 수많은 이야기가 있다. 그 이야기들은 오히려 성탄절의 분위기를 더욱 극적으로 만든다. 하지만 진정한 성도라면 당연히 성탄절의 의미를 바로 알아야 하지 않을까? 예수님이 이 땅에 오신 목적과 이유가 무엇인지, 그 의미가 무엇인지 하나님의 말씀을 통해 바로 알고 묵상할 수 있어야 한다.

2 예수 그리스도를 말하다(1)

예수 그리스도의
나심

하나님은 성탄절의 의미, 즉 예수님께서 이 땅에 오신 목적과 이유를 아주 분명하게 말씀하셨다. 우리는 이를 성경에서 쉽게 찾아볼 수 있다.

"[18]예수 그리스도의 나심은 이러하니라 그의 어머니 마리아가 요셉과 약혼하고 동거하기 전에 성령으로 잉태된 것이 나타났더니 [19]그의 남편 요셉은 의로운 사람이라 그를 드러내지 아니하고 가만히 끊고자 하여 [20]이 일을 생각할 때에 주의 사자가 현몽하여 이르되 다윗의 자손 요셉아 네 아내 마리아 데려오기를 무서워하지 말라 그에게 잉태된 자는 성령으로 된 것이라 [21]아들을 낳으리니 이름을 예수라 하라 이는 그가 자기 백성을 그들의 죄에서 구원할 자이심이라 하니라 [22]이 모든 일이 된 것은 주께서 선지자로 하신 말씀을 이루려 하심이니 이르시되 ²³보라 처녀가 잉태하여 아들을 낳을 것이요 그의 이름은 임마누엘이라 하리라 하셨으니 이를 번역한즉 하나님이 우리와 함께 계시다 함이라"_〈마태복음 1:18~23〉

위의 말씀은 예수님이 이 땅에 오신 목적과 이유를 분명하고도 압축적으로 담고 있다. 그 이유는 그분의 이름에서 쉽게 발견할 수 있다. 첫째는 21절의 "예수"요, 둘째는 23절의 "임마누엘"이다. 하나님은 이 두 가지 이름의 의미를 통해 우리가 예수님이 이 땅에 오신 이유를 발견할 수 있게 하셨다.

'예수'라는 이름은 21절에서 쉽게 알 수 있듯이 '구원할 자', 즉 '구원자'라는 의미이다. 성탄절은 구원자가 이 땅 가운데 오신 날이다. 모든 백성과 인류에게 미치는 하나님의 기쁜 소식인 것이다. 모든 인간이 죄를 범하여 구원의 길을 알지 못했을 때, 하나님의 아들 예수 그리스도가 친히 인간의 몸을 입고 이 땅 위에 성육신하신 것이다. 죄에 찢기고 상한 우리의 인생을 구원하기 위해 그리스도가 성육신하신 날이 바로 성탄절인 것이다. 죄가 없으신, 하나님이신 예수 그리스도가 우리를 위해서 말이다.

"다른 이로써는 구원을 받을 수 없나니 천하 사람 중에 구원을

받을 만한 다른 이름을 우리에게 주신 일이 없음이라 하였더라"_〈사도행전 4:12〉

오직 예수 그리스도만이 우리의 유일한 구원자가 되신다. 성탄절은 이 유일한 구원자가 우리를 위해 친히 생명의 길을 열어 주신 날이다. 이는 한 개인을 위함이 아니요, 각 가정과 민족, 온 나라를 위해 열린 구원의 날인 것이다. 하나님은 예수 그리스도 외에 다른 구원자, 다른 이름을 주신 적이 없다. 오직 예수 그리스도만 믿으면, 그 이름을 부르기만 하면 되는데 무엇을 주저하고 있는가? 아직도 성탄절의 다른 의미가 우리의 삶과 인생에서 중요한가? 오직 구원자이신 예수 그리스도만 높이는 날이 되길 바란다.

"예수께서 이르시되 내가 곧 길이요 진리요 생명이니 나로 말미암지 않고는 아버지께로 올 자가 없느니라"_〈요한복음 14:6〉

예수님은 친히 말씀하셨다. 길이요, 진리요, 생명이라고 말이다. 죄가 없으신 예수님은 완전한 인간으로 이 땅에 오시기 위해 동정녀 마리아의 몸에 성령으로 잉태되셨다. 그리고 죄가 없으신 완전한 인간이 되셨다. 이는 우리가 늘 고백하는 사도신경에 명백하게 밝혀져 있다.

당신은 진정 전능하사 천지를 만드신 하나님 아버지를 믿는가? 그 외아들 예수 그리스도를 믿는가? 더 중요한 것은 성령으로 잉태하시고 나를 위하여 십자가에서 죽으시고 삼 일 만에 부활하신 예수님을 믿는가? 이것이 신앙고백의 첫 출발이다.

예수님은 우리의 죄를 위해 오셨다. 그리고 우리를 위해 죽으시고 부활하셨다. 생명의 길을 활짝 여신 것이다. 성탄절은 바로 우리의 구원자로 오신 예수 그리스도를 만나는 날이다. 우리를 죄 가운데서 구원해 주신 하나님의 은혜에 감격하는 날인 것이다. 그 구원의 기쁨을 이웃과 함께 나누는 것이다. 그런데 우리의 현주소는 어떠한가? 교회에서조차도 구원의 감격이 퇴색되어 가고 있지 않은가? 여전히 우리 가정에서는 산타클로스가 예수님보다 환영받고 있지 않은지 돌아봐야 할 것이다.

23절에는 또 다른 이름 '임마누엘'이 등장한다. 이는 이미 구약의 선지자를 통해 하나님께서 예언하신 바이다. 임마누엘은 히브리어로, '임'은 함께, '마누'는 우리와, '엘'은 하나님이란 뜻을 가진다. 즉 '임마누엘'이라는 이름은 '하나님께서 우리와 함께 계신다'는 말이다. 당신은 상상이 되는가? 하나님께서 우리를 구원하셨을 뿐만 아니라 구원하시고도 늘 함께하시는 분이라는 사실을 말이다. 모든 인류가 기대할 수 없었던 방식으로 주님은 우리에게 오신 것이다. 하나님께서 인간의 몸을 입고 말이다.

하나님은 초월적인 존재요, 영원하신 존재이다. 감히 인간이 도달할 수 없는 존재 말이다. 그러나 하나님께서 우리와 함께하시는 것을 친히 보이신 사건, 즉 성육신을 통해 하나님께서 우리와 함께하신다는 것을 모든 인류 가운데 보이신 것이다. 이것이 바로 성탄절이다. 하나님이 우리와 함께하시는데, 왜 인생이 외롭다고 생각하는가? 당신과 늘 함께하시는데 여전히 외롭다고 우울해하는가? 하나님은 성령님의 모습으로 우리와 늘 함께하신다. 성령님을 만나고 동행하는 믿음의 인생이 되길 소망한다.

성령님에게는 놀라운 능력과 힘이 있다. 예수님은 성령으로 말미암아 잉태되셨다. 예수님의 공생이 시작되기 전, 세례를 받으실 때에도 하늘이 열리고 성령이 비둘기같이 임했다. 예수님의 사역 전체가 성령님과 함께하시는 사역이었는데, 놀라운 사실은 그 성령님을 우리 가운데 부어 주셨다는 것이다. 성령님으로 말미암아, 성령님의 그 은혜로 말미암아 우리와 함께하시는 것이다. 우리가 예수님을 믿을 때, 예수님에게서 오신 성령님이 우리 가운데 내주하고 계시는 것이다. 하나님이 우리와 함께하신다. 이 얼마나 감격스러운가!

예수님은 성령으로 충만하셔서 병든 자를 고치셨다. 가난한 자들에게 복된 복음을 전파하셨고, 그들을 부요하게 하셨다. 잃어버린 자들을 찾으러 나가셨고, 귀신들을 내어 쫓으셨다. 놀라운 기적을 베풀어 주신 것이다. 예수님은 제자들에게 성령을 부어 주시겠다고 약속하셨다. 그리고 부활하신 예수님께서 승천하신 후에 제자들이 자그마한 다락방에 모여 밤낮 기도할 때 성령님이 임하신 것이다. 오순절 날 성령님께서 임하심으로 예수 그리스도를 믿는 자에게 성령님이 내주하기 시작하신 것이다.

임마누엘의 하나님, 우리와 함께하시는 하나님의 예언이 그대로 이루어진 것이다. 그리고 그 하나님께서는 우리의 삶을 인도하신다. 태초 전부터 우리의 이름을 아셨고, 우리를 죄 가운데서 구원하셨으며, 우리의 인생을 주관하사 삶을 인도하신 것이다. 예수 그리스도가 이 땅에 오신 성탄절이 이처럼 큰 의미를 가진다. 그럼에도 불구하고 우리는 여전히 화려한 불빛 속에 썩어질 육신의 정욕을 이기지 못해 비틀거리고 흥청망청하며 살고 있지는 않은가? 다시 복음으로 돌아가 예수 그리스도의 나심에 대한 의미를 바로 알 수 있길 바란다.

하나님 사랑의 증표

구원자이신 예수 그리스도, 우리와 함께하시는 임마누엘의 하나님이란 두 가지 이름만으로도 우리에게는 엄청난 사건이다. 하지만 여기서 우리는 더 큰 의미를 찾을 수 있다. 바로 하나님의 사랑이다. 성탄절은 무엇보다 하나님의 사랑을 경험하는 날이다. 그 크신 하나님의 사랑을 나누는 것이다. 그 사랑의 증표로 예수 그리스도가 성육신하셔서 이 땅에 오셨다. 구원자로, 우리와 함께하시기 위해 하나님이 인간의 몸으로 오신 것이다. 이것은 부인할 수 없는 하나님 사랑의 증표가 된다.

"하나님이 세상을 이처럼 사랑하사 독생자를 주셨으니 이는 그를 믿는 자마다 멸망하지 않고 영생을 얻게 하려 하심이라"
_〈요한복음 3:16〉

성자 예수님은 성부 하나님의 독생자이다. 그런데 하나님은 이 외아들을 우리의 죄를 사하기 위해 이 땅에 보내셨다. 이것이 과연 가능한 일인가? 하나님이 우리를 얼마나 끔찍하게 사랑하시는지를 성탄절에 보여 주신 것이다. 하나님께서 인간의 몸을 입고 이 땅에 오실 만큼 우리를 너무나도 사랑하셨다는 것이다. 즉 성탄절은 우리를 너무나 사랑하신 하나님의 사랑을 단적으로 볼 수 있는 날이요, 그 사랑을 받은 우리를 위한 날이기도 한 것이다. 하나님이 바로 우리 한 사람 한 사람을 사랑하심을 보여 주신 날 말이다.

> "사랑은 여기 있으니 우리가 하나님을 사랑한 것이 아니요 하나님이 우리를 사랑하사 우리 죄를 속하기 위하여 화목 제물로 그 아들을 보내셨음이라"_〈요한일서 4:10〉

예수님은 이천 년 전에 이 땅에 오셨다. 하나님의 사랑을 극적으로 보여 주신 것이다. 그리고 그 사랑의 대상이 바로 우리이다. 즉 이천 년 전 예수님께서 베들레헴에서 나실 때, 하나님의 마음 안에 우리의 존재가 있었다는 것이다. 이천 년 전이나 이후에나 하나님 마음의 중심에는 우리의 존재가 있었고, 우리를 너무나 사랑하셔서 예수 그리스도를 이 땅에 보내 주신 것이다. 이것은 한낱 허무맹랑한 이야기가 아니다. 성경에 그대로 적혀 있다.

"⁴곧 창세 전에 그리스도 안에서 우리를 택하사 우리로 사랑 안에서 그 앞에 거룩하고 흠이 없게 하시려고 ⁵그 기쁘신 뜻대로 우리를 예정하사 예수 그리스도로 말미암아 자기의 아들들이 되게 하셨으니"_〈에베소서 1:4~5〉

하나님은 창세 전에 우리를 택하셨다. 세상의 역사가 시작하기도 전에 이미 우리를 택하신 것이다. 그리고 하나님의 기쁘신 뜻대로 그리스도 안에 우리를 예정하사 그리스도로 말미암아 우리를 하나님의 아들이 되게 하셨다.

창세 전에 우리를 아셨고, 창세 전에 우리를 사랑하셨다. 하나님 마음 가운데 우리를 두시고, 이천 년 전에 예수 그리스도를 이 땅에 보내신 것이다. 이것은 창세 전이나 지금이나 마찬가지로 우리를 사랑하신다는 의미이다. 우리가 첫 사람 아담의 범죄로 죄인이 되었을 때에도 처음과 마찬가지로 사랑하셨다는 것이다.

하나님의 사랑은 단 한 번도 변하거나 변질된 적이 없다. 뿐만 아니라 하나님의 사랑은 단 한순간도 단절된 적이 없다. 지금까지도 우리를 사랑하시고, 영원토록 우리를 사랑하신다. 이천 년 전 예수님께서 이 땅에 오실 때에만 우리와 함께하시는 임마누엘이 아니다. 지금도 함께하시고, 영원토록 함께하시는 임마누엘인 것이다. 이 얼마나 기막힌 은혜인가? 성탄절은 나를 위한 하나님의 계획이요, 나를 위한 하나님의 사랑인 것이다. 나를 위해 이 땅에 오신 예수 그리스도, 지금도 나와 함께하시는 예수 그리스도이시다.

> "내가 너희에게 분부한 모든 것을 가르쳐 지키게 하라 볼지어다 내가 세상 끝날까지 너희와 항상 함께 있으리라 하시니라"
> _〈마태복음 28:20〉

예수님께서는 제자들을 부르시고 파송하시면서 세상 끝날까지 함께하신다고 말씀하셨다. 이것이 바로 임마누엘의 축복이다. 과거로 끝난 하나님의 사랑이 아니다. 과거로 끝난 임마누엘의 축복이 아니다. 우리를 구원하시고, 우리와 함께하시는 하나님의 은혜를 모두 누렸으면 좋겠다. 지금도 살아 계신 예수님은 약한 우리의 강함이 되어 주시고, 가난한 우리의 영과 육에 부유함을 주신다. 생명의 길을 열어 주시고, 구원의 길을 열어 주셨다. 성탄절은 이런 감격과 은혜에 감사하는 날이다.

복음의 핵심

당신은 복음의 핵심을 아는가? 바로 예수님의 십자가 죽으심과 부활이다. 전도 여행 중 바울과 실라는 감옥에 갇혔다. 환경의 어려움에 처한 것이다. 이를 사탄은 좋아했을 것이다. 왜냐하면 주님을 위해 살던 자들이, 복음을 위해서 살던 자들이 매도 맞고 감옥에 들어갔기 때문이다. 하지만 그 속에는 하나님의 놀라운 역사와 계획이 있었다. 감옥에서 하나님이 베풀어 주시는 기적과 은혜를 경험한 것이다. 뿐만 아니라 하나님은 이런 기적을 통해 간수와 그 가정에 놀라운 구원의 역사가 미치게 하셨다.

우리도 이 세상을 살아가면서 고난이 있다. 성탄절에 세상 사람들은 세상살이에 기뻐 웃으며 즐거워하는데, 정작 예수님을 믿는 우리의 삶에는 고난과 역경으로 인해 눈물이 앞을 가릴지 모른다. 기도할 힘도 없고, 찬양할 힘도 없다. 이때 우리는 기억해야 한다. 하나님을 의지할 때, 오직 예수 그리스도만 믿을 때 성령 하나님께서 친히 임재하사 우리를 붙잡아 주실 것을 말이다. 십자가에서 죽으시고 부활하신 예수님을 생각하라. 오직 성령 하나님의 은혜를 바랄 때, 그분은 우리를 도와주실 것이다.

바울과 실라는 옥중에서도 기도하고 찬양을 했다. 그 옥 안에 있던 모든 간수에게도 들릴 만큼 말이다. 힘든가? 세상살이에 지쳐서 손가락 까닥할 힘조차 남아 있지 않은가? 그래도 기도하고 찬양하라. 삶 가운데 문제가 없는 사람은 없다. 환경의 고난이나 어려움을 다 피할 수는 없다. 그러나 우리에게는 복음, 예수 그리스도가 있고 믿음이 있다. 바다를 항해할 때, 바람을 모두 피할 수는 없다. 우리가 할 수 있는 일은 바람이 불 때 돛을 제대로 세우고 방향을 잘 잡아, 오히려 바람을 이용해 목적지에 빨리 다다르는 것이다.

우리는 고난과 역경이 있을 때, 나의 처지를 한탄하며 환경에 문제가 있음에 주저앉는다. 하지만 바람이 불 때 그것을 이용하여 항구에 더 빨리 다다를 수 있듯이, 오히려 우리에게는 기회가 있다. 우리에게는 하나님이 계신다. 환경이 문제가 아니라 신앙이 문제이다. 어려움과 고난이 있을 때, 그것을 넘어서서 하나님의 축복으로 이끌 수 있는 우리가 되길 기도한다. 환경을 이기는 역사, 환경을 정복하는 역사가 우리 인생 가운데 복음의 능력으로 나타날 수 있길 바란다. 오직 예수 그리스도의 이름 하나면 충분한 것이다.

복음이신 예수 그리스도의 능력에는 사탄의 세력을 멸하고 환경을 이기는 능력뿐만 아니라 구원의 능력이 있다. 앞서 우리는 계속해서 구원자 예수 그리스도에 대해 나눴다. 구원자의 능력이 나타나기 위해서는 기도와 찬양이 있어야 한다. 우리의 삶 가운데 예배가 있어야 한다는 것이다. 본래 우리는 연약한 존재이기에 기도해야 할 때 잠자는 경향이 있다. 분명 기도해야 할 때인데, 찬양해야 할 때인데 주저앉아 꾸벅꾸벅 졸고 있는 것이다. 당신의 경우는 어떠한가? 아직도 세상의 꿈속에서 헤매어 살고 있지는 않은가?

"이러므로 너희는 장차 올 이 모든 일을 능히 피하고 인자 앞에 서도록 항상 기도하며 깨어 있으라 하시니라"_〈누가복음 21:36〉

옥중에서도 깨어 기도하고 찬양했던 바울과 실라처럼, 믿음으로 환경을 정복하고 다스려 나간다면 분명 하나님께서는 우리의 삶과 인생 가운데 하나님의 놀라운 기적을 베풀어 주실 것이다. 복음으로, 예수 그리스도의 이름으로 환경을 극복하고 현실을 당당히 맞설 멋진 그리스도인이 되고 싶지 않은가? 태초 전에 하나님은 우리를 이미 택하셨고, 성탄절을 통해 예수님은 우리 가운데 오셨으며, 찾기만 하면 성령님이 우리를 도우신다. 깨어 기도하라!

"이르되 주 예수를 믿으라 그리하면 너와 네 집이 구원을 받으리라 하고"〈사도행전 16:31〉

성탄절에 오신 주님은 우리에게 구원을 선물로 주셨다. 그런데 조건이 있다. 바로 주 예수를 믿어야 한다는 것이다. 그런데 주 예수 그리스도를 듣지 못하면 어찌 되겠는가? 듣지 못했는데, 어찌 믿음이 생기겠는가? 누군가의 희생과 헌신을 통해 복음은 전해지는 것이다. 우리는 주 예수의 이름을 들었고, 이미 믿고 있으며, 구원받은 자들이다. 이제는 결단하여 세상에 나아갈 수 있길 바란다. 복음의 능력은 내 안에 가두는 것이 아니라 나를 통해 또 다른 영혼들을 주님 앞에 돌이키게 하는 것이다.

본래 바울은 간수보다도 더 하나님을 대적했던 인물이다. 죄 된 세상에서 방황하고 방탕하면서 하나님의 교회와 성도들을 핍박했던 사람이었다. 그러나 그가 하나님 사랑의 은혜로 말미암아 다메섹으로 올라가는 길에 예수 그리스도를 만났다. 복음의 능력을 경험한 것이다. 그리고 인생 전체가 비뀌었다. 그 후 바울에게는 단 한 가지 관심밖에 없었다. 복음을 전하는 것, 생명이신 예수 그리스도를 증거하는 것 말이다. 하나님께서 주신 복음, 예수 그리스도의 이름을 만방에 알리는 복음의 능력을 지닌 우리가 되길 소망한다.

> "내가 달려갈 길과 주 예수께 받은 사명 곧 하나님의 은혜의 복음을 증인하는 일을 마치려 함에는 나의 생명조차 조금도 귀한 것으로 여기지 아니하노라"_〈사도행전 20:24〉

- 임마누엘의 하나님이 당신의 인생 가운데 계시는가? 어떻게, 어떤 모습으로 계시는지를 말하라. 되도록이면 구체적으로 설명해 보라.

- 구원자이신 예수 그리스도를 믿는가? 당신의 신앙고백을 솔직하게 적어 보라.

3 예수 그리스도를 말하다(2)

winning
gospel

어느 교회나 새신자가 오면 등록을 하고 새가족반에서 교육을 받게 된다. 그러고는 가장 중요한 질문들, '복음은 무엇인가?', '영생은 무엇인가?', '나는 어떻게 구원을 받는가?' 등에 대해 가장 먼저 배운다. 그런데 복음 안에는 중요한 사건이 있다. 바로 십자가와 부활이다. 당신에게 있어서 주님은 어떤 분인가? 주님은 나의 구원자라는 고백이 우리 안에 공통적으로 나올 수 있길 소망한다.

3 예수 그리스도를 말하다(2)

십자가 묵상의
필요성

주님은 믿는 우리 모두에게 구원자이시다. 구원하신 그 은혜 안에 십자가와 부활이 있다. 예수님께서는 십자가에서 죽으시고, 삼 일 만에 부활하셨다. 당신은 이 사실을 믿는가? 우리는 주님의 십자가 공로로 구원을 받았다. 주님께서 사망권세를 깨뜨리시고 부활하셨기에 내가 하나님의 자녀, 즉 천국백성이 된 것이다. 그런데 우리는 이렇게 생각할 수 있다. '이미 예수님이 죽으시고 부활하셨는데, 그 처참한 십자가의 고난을 내가 다시 묵상할 필요가 있을까?' 그러나 반드시 묵상해야 한다.

하나님께서 나를 사랑하신 것을 확인하는 그 자리가 바로 십자가의 자리이기 때문이다. 진실로 십자가를 묵상하지 않으면 나의 죄가 얼마나 저주스럽고 잔인한 것인지를 깨달을 수가 없다. 때문에 우리 그리스도인들은 십자가를 묵상하면서 죄 된 나의 실체를 발견해야 한다. 동시에 주님이 우리를 얼마나 사랑하시는지, 그 은혜를 깨달아야 한다. 부활은 십자가를 통과해야만 비로소 부활의 기쁨을 온전하게 누릴 수 있다.

예수님의 수난
_체포

하나님의 사랑은 경험되어져야 한다. 그래야 주님을 향한 참된 헌신이 일어나기 때문이다. 주님의 사랑이 얼마나 큰지 깨달아야 주님을 향한 우리의 사랑이 온전하게 된다. 예수님께서 이 땅에 오신 것이 이미 십자가의 고난에 참여한 것이지만, 〈요한복음〉 18장부터는 더욱 구체적으로 나온다.

"예수께서 이 말씀을 하시고 제자들과 함께 기드론 시내 건너편으로 나가시니 그 곳에 동산이 있는데 제자들과 함께 들어가시니라" 〈요한복음 18:1〉

예수님께서는 제자들과 함께 기드론 시내 건너편으로 가셨다. 그리고 그곳에 동산이 있는데, 주님은 제자들과 함께 들어가신 것이다. 〈요한복음〉에는 정확하게 드러나 있지는 않지만, 다른 복음서를 보면 우리는 그것이 겟세마네 동산인 것을 쉽게 알 수 있다. 예수님께서는 유월절에 맞춰 제자들과 함께 다락방에 올라가셔서 제자들의 발을 씻기시고 성만찬을 행하셨다. 그리고 너무나 귀한 말씀을 제자들에게 하셨다. '다락방 강화'라고 불리는 예수님의 말씀을 마치신 후에 제자들과 함께 겟세마네 동산에 가신 것이다.

예수님은 이곳에서 체포당하셨다. 유다가 군대와 대제사장들과 바리새인들에게서 얻은 아랫사람들을 데리고 등과 횃불과 무기를 가지고 예수님을 체포하러 온 것이다. 뿐만 아니라 예수님께는 많은 사건이 있었고, 이 모든 것을 감당하셨다. 왜? 바로 우리를 구원하기 위해서, 나를 사랑하시기 때문에 죄와 사망 가운데 죽을 수밖에 없는 나를 구원하시기 위해 모든 고난과 십자가를 감당하신 것이다. 하지만 인간의 몸을 입고 오신 예수님도 피할 수만 있다면 이 모든 고난을 피하고 싶으셨다.

"[42]이르시되 아버지여 만일 아버지의 뜻이거든 이 잔을 내게서 옮기시옵소서 그러나 내 원대로 마시옵고 아버지의 원대로 되기를 원하나이다 하시니 [43]천사가 하늘로부터 예수께 나타나 힘을 더하더라 [44]예수께서 힘쓰고 애써 더욱 간절히 기도하시니 땀이 땅에 떨어지는 핏방울 같이 되더라"_〈누가복음

22:42~44〉

예수님은 땀이 땅에 떨어지는 핏방울같이 되도록 기도하셨다. 사실 예수님께서 우리를 사랑하지 않으셨다면, 체포당하실 필요가 없으셨다. 우리를 너무나 사랑하셨기에 체포의 자리로 가신 것이다. 이 사랑이 우리 가운데 경험될 수 있기를 바란다. 우리는 어떤 존재인가? 죄로 인해 영원히 죽을 수밖에 없는 존재이다. 구원의 길, 영원한 생명의 길이 전혀 없었다. 그러나 예수님께서 이 모든 죄의 값을 감당하셨기에 우리에게 구원의 길, 영원한 생명의 길이 열린 것이다. 그럼에도 불구하고 인간은 여전히 주님을 거역한다. 배반의 자리에서 말이다.

유다는 예수님의 제자로 3년 동안 주님을 따랐다. 하지만 그는 주님을 이용했을 뿐, 사랑하지는 않았다. 유다는 주님이 십자가에서 죽으신다는 이야기를 듣고도 여전히 주님을 말렸다. 주님이 이스라엘에 정치적인 왕국을 세우시면 뭔가 한자리를 얻고자 하는 어떤 야망이 있었을지 모른다. 결국 그는 예수님을 배반하고 만다. 정치 지도자들과 권력자들 쪽으로 빌붙은 것이다. 은 30냥이 뭐라고 예수님을 팔아넘겼다. 예수님이 겟세마네 동산에 계신다는 정보만 흘린 것이 아니다. 그는 군대 앞에 서서 예수님을 체포하였다.

이것이 죄악 된 인간의 모습이다. 우리에게 유다와 같은 모습이 전혀 없다고 말할 수는 없다. 우리는 모두 양 같아서 그릇 행하는 것이다. 하나님을 거역하는 것이다. 하나님을 찾지도 않는다. 얼핏 우리는 이렇게 생각할 수 있다. '나는 유다 정도의 사람은 아닌데…. 그래도 나에게는 신앙이 있고, 이미 구원받았는데 뭘 굳이 십자가를 묵상하나?'

우리는 주님을 따른다고 하지만 여전히 우리의 생각과 판단은 잘못되어 있다. 주님의 마음을 아프게 할 때가 얼마나 많은가?

예수님의 수난
_배반

 신앙의 삶 속에서 입술의 고백은 쉬울지 모른다. 그러나 삶 가운데 드려지는 헌신과 충성과 순종은 우리의 희생을 요구하기에 참으로 어렵다. 예수님께서는 유다로 인해 체포당하셨고, 고난을 당하셨다. 인간의 몸을 입고 오신 예수님이기에, 육체의 고통을 모두 느끼셨을 것이다. 이 모든 수난 가운데 제자들의 배신이 있다. 주님을 부인한다는 것, 배신한다는 것은 우리도 원하지 않는 바이다. 그러나 그것이 제자들의 삶 가운데 있었던 것은 사실이다. 말씀을 보면서 우리가 참으로 안타깝게 생각하는 것이 바로 이것이다.

 베드로는 예수님이 정말로 사랑한 수제자였다. 뿐만 아니라 우리에게 신앙고백의 모범을 보인 사람이다. 베드로는 주님을 위하여 목숨까지도 버리겠다고 호언장담한 사람이다. 그러나 그런 그의 고백과는 상관없이 그는 예수님을 너무도 쉽게 배신하였다. 그것도 세 번이나 부인했다. 아니, 마지막 세 번째는 부인한 정도가 아니라 저주하면서 맹세까지 하였다. 예수님이 체포되시기 전까지는 칼을 빼 들고 말고의 귀를 자를 정도로 용감무쌍했다. 하지만 정작 예수님이 체포당하시고 무기력해져서 십자가의 길을 가시는 것을 보자, 그는 배반했다.

"예수를 잡아 끌고 대제사장의 집으로 들어갈새 베드로가 멀찍이 따라가니라"_〈누가복음 22:54〉

베드로는 예수님께서 체포당하시고 대제사장의 집에 들어가실 때 멀찍이 따라갔다. "멀찍이"라는 말에서 우리는 당시 베드로가 굉장히 애매하게 주님을 따라갔다는 것을 알 수 있다. 십자가의 길을 가는 예수님을 가까이 하면 혹시나 자신의 신변에 어떤 위험이 있을까봐 두려움에 멀찍이 따라갔던 것이다. 두려움에 떨면서도 양심에 찔려 도망가지는 못 하고, 애매하게 멀찍이 따라갔던 것이다. 이것이 바로 우리의 연약한 신앙의 모습이 아닐까? 우리는 쉽게 고백한다. 주님을 위해 모든 것을 다 드리겠다고, 나의 인생은 주님의 것이라고 말이다.

입술의 고백은 참 쉬운데, 진정 주님을 위해 헌신한다는 것은 참으로 어렵다. 희생의 대가가 따르기 때문이다. 그렇다고 주일 예배를 빠지거나 교회를 떠나지는 않는다. 왜냐하면 양심에 걸리는 것들이 있기 때문이다. 부모님의 성화도 걸리고, 교회를 떠나자니 뭔가 나에게 안 좋은 일이 생길 것만 같고, 나를 전도한 사람 또는 내가 전도한 사람의 눈치도 보이고 해서 말이다. 그냥 멀찍이 애매하게 신앙생활하고 있는 모습이 오늘날 우리의 모습은 아닌지 곰곰이 생각해 보라. 분명한 것은 이 멀찍이 애매한 신앙은 참으로 위험하다는 것이다.

결정적인 순간, 주님을 배반할 가능성이 매우 크다. 그 실제를 베드로가 우리에게 보여 주고 있다. 베드로는 멀찍이 예수님을 따라가다가 결국 세 번이나 예수님을 부인하고 말았다. 결정적인 순간에 예수님을 저주하면서 맹세까지 한 것이다. 30%, 50%의 믿음, 평상시에는 통할지 모른다. 그러나 결정적인 순간에 주님과 세상을 선택해야 할 때, 주님께 헌신하고 충성해야 할 그 시점에 등을 돌릴 수 있다는 것이다. 부디, 우리는 주님의 십자가를 마다하지 않고 주님을 따라 순종의 길을 아름답게 걸어갈 수 있길 기도한다.

예수님의 수난
_심문

성경을 통해 볼 수 있지만, 당시 재판의 과정은 참으로 복잡하고 이해하기도 어렵다. 빌라도의 비겁함과 유대인들의 죄악으로 말미암아 나오는 집요함까지, 인간의 모든 이해관계와 권력이 뒤섞여 있기 때문이다. 그런데 분명한 사실 한 가지가 있다. 더러운 이해관계와 권력과 여러 가지 문제가 모두 인간이 의도한 것 같지만, 이 모든 상황을 넘어서서 하나님의 섭리와 계획이 움직이고 있다는 것이다. 세상에서 인간이 꾀하는 모든 악이 예수님을 십자가에 못 박고자 했을지라도, 이 모든 것 위에 하나님의 뜻과 섭리가 있었다.

> "이는 예수께서 자기가 어떠한 죽음으로 죽을 것을 가리켜 하신 말씀을 응하게 하려 함이러라"_〈요한복음 18:32〉

예수님의 십자가 죽으심은 이미 하나님의 계획 안에 있었다. 십자가에서 죽으시고, 그 죽음을 통해 우리를 구원하시려는 계획이 있었던 것이다. 하나님의 계획은 절대로 무너지지 않는다. 정치권력과 모든 이해관계 그리고 어떤 죄악들을 넘어서 하나님의 구원 계획은 성취되고 있는 것이다. 빌라도는 악을 저질렀고, 유대인들은 죄를 범했다. 그럼에도 하나님께서는 그런 악과 죄를 통해서도 자신의 일을 성취하시는 능력의 하나님이시다. 성 어거스틴(St. Augustine)은 이렇게 말했다.

> "인간의 그 더럽고 추악한 의지를 통해서 하나님은 자신의 선한 의지, 의로운 의지를 성취시키신다."

우리의 소망이 바로 여기에 있다. 세상이 어느 길로 가든지, 어떤 판단을 하든지 간에 하나님의 뜻은 영원히 서기 때문이다. 예수님께서 빌라도 앞에서 심문을 당하시는 모습을 보면, 참으로 초라하고 무기력해 보인다. 우리 눈에는 세상 나라가 모두인 것 같지만, 우리 눈에 보이지 않는 하나님 나라가 분명히 있다. 우리의 삶과 인생 가운데에는 하나님의 통치가 있다. 세상이 죄악 가운데 있을지라도, 하나님 나라는 영원하며 그분의 뜻과 진리는 온전히 서 있다.

하나님의 구원 계획은 결코 흔들리거나 실패하지 않는다. 하나님께서는 우리를 사랑하셨고, 십자가의 사랑으로 품어 주셨으며, 우리를 죄악 가운데에서 구원하셨다. 반대로 우리에게 예수님이 겪으신 고난과 고초와 모함과 슬픔이 찾아올 수 있다. 그때마다 우리는 주님의 십자가를 단단히 붙잡아야 한다. 나의 고난 저 편에 계신 하나님의 뜻을 보는 것이다. 정말 헤아리기 어렵고 이해할 수 없는 일들이 벌어진다고 할지라도 진정 성도라면, 믿음의 눈을 들어서 그 너머에 계신 하나님의 섭리와 계획을 발견해야 할 것이다.

> "우리가 알거니와 하나님을 사랑하는 자 곧 그의 뜻대로 부르심을 입은 자들에게는 모든 것이 합력하여 선을 이루느니라"
> _〈로마서 8:28〉

나에게 해가 되고 연단이 되는 어려움이라 할지라도, 육체적인 어려움과 어떤 물질과 내가 알지 못하는 사람으로 인한 고난이라 할지라도 그 너머에 계신 하나님의 계획과 섭리 때문에 합력하여 선을 이루는 줄 믿길 바란다. 하나님은 고난을 넘어서 우리 가운데 생명의 축복을 주시는 분이다. 시작은 저주의 십자가, 슬픔의 십자가일지 몰라도 마지막에는 분명 생명의 십자가, 축복의 십자가가 되어 나를 살리는 능력의 십자가가 될 것이다. 지금 고난 가운데 있다면, 그 너머에 계신 주님을 볼 수 있길 바란다.

예수님의 수난
_십자가

예수님께서 빌라도에게 심문을 받으실 때, 빌라도는 예수님이 죄가 없다는 것을 알았다. 때문에 빌라도는 유대인들에게 세 번이나 공표했다. 나는 이 사람에게 아무 죄도 찾을 수 없다고 말이다. 그러나 빌라도는 정치적 이익 때문에 성난 군중들에게 예수님을 내어 준 것이다. 욕심과 탐욕으로 인해 예수님을 십자가로 내몰게 한 것이다. 예수님은 흠과 죄가 없으신 분이다. 예수님은 우리를 위하여 단번에 영원한 제사를 치러 주신 것이다. 바로 나를 구원하기 위해서 말이다. 예수님은 가시 면류관을 쓰시고, 온몸이 피투성이가 되셨다.

"그가 찔림은 우리의 허물 때문이요 그가 상함은 우리의 죄악 때문이라 그가 징계를 받으므로 우리는 평화를 누리고 그가 채찍에 맞으므로 우리는 나음을 받았도다"_〈이사야서 53:5〉

"그리스도께서 우리를 위하여 저주를 받은 바 되사 율법의 저주에서 우리를 속량하셨으니 기록된 바 나무에 달린 자마다 저주 아래에 있는 자라 하였음이라"_〈갈라디아서 3:13〉

예수님의 십자가를 바라볼 때, 우리의 죄가 얼마나 저주스럽고 끔찍한지를 바로 알 수 있길 바란다. 동시에 하나님의 구원 계획을 깨달을 수 있길 소망한다. 참으로 예수님의 십자가를 바라볼 때 우리는 하나님의 사랑이 얼마나 큰지 새삼 깨닫게 된다. 하나님은 자신의 독생자 예수 그리스도의 생명과 나를 맞바꾸신 것이다. 우리가 아직 죄인 되었을 때, 자기의 사랑을 확증하신 것이다. 하나님의 그 크신 사랑이 우리의 지식을 넘어서 우리의 가슴속에서 우리의 삶 가운데 체험되어질 수 있길 바란다.

예수님의 부활

예수님께서는 우리의 죄를 대신 지시고 십자가에서 죽으신 지 삼 일 만에 다시 살아나셨다. 사망권세를 모두 깨뜨리시고 부활하신 것이다. 예수님께서는 친히 부활의 첫 열매가 되셨다. 그렇다면 그리스도인의 삶 가운데 이 부활이 왜 이토록 중요한 것일까?

> "그리스도께서 다시 살아나신 일이 없으면 너희의 믿음도 헛되고 너희가 여전히 죄 가운데 있을 것이요"_〈고린도전서 15:17〉

예수 그리스도가 다시 살아나지 않았다고 한다면, 우리의 믿음이 헛것이 된다. 뿐만 아니라 우리는 여전히 죄 가운데 있을 것이다. 때문에 예수 그리스도의 부활은 우리 신앙의 핵심이요, 우리의 삶에 가장 중요한 것일 수밖에 없다. 예수님께서 부활하셨기에 우리의 신앙은 참된 진리요, 참 생명의 능력이 있다. 예수님께서 부활하지 않으셨다면, 우리의 부활도 없는 것이다. 따라서 사망권세를 깨뜨리시고 부활하신 예수님으로 말미암아 우리는 어떠한 저주와 사망으로부터 자유하고 영원한 생명의 축복을 받은 것이다.

그리스도인의 삶은 부활하신 주님을 만나면 슬픔이 아니라 기쁨을 체험하게 된다. 예수님의 무덤으로 달려간 마리아가 그러했다. 마리아는 예수님의 죽으심에 슬퍼 그의 몸에 향유라도 발라드리고자 새벽에 무덤으로 달려갔다. 그러나 마리아는 예수님의 죽으심보다 더한 슬픔을 만났다. 바로 예수님의 시신이 없어진 것이다.

부활하신 예수님을 만났을 때, 마리아의 슬픔은 기쁨으로 변했다. 그러고는 제자들에게 전하기 위해 달려갔다. 부활의 주님을 만났는가? 진정 주님을 만났다면, 현재의 삶이 그리 고통스럽지만은 않을 것이다.

부활의 주님이 우리의 삶 가운데 들어오길 바란다. 염려와 불안과 좌절과 마치 죽음이 끝인 것처럼 절망하고 있는 우리의 모습 속에 부활의 주님이 찾아오사, 우리의 슬픔과 눈물을 닦아 주시고 기쁨으로 승화시켜 주시길 바란다. 슬픔이 기쁨으로 변했던 마리아처럼, 두려움이 담대함으로 변했던 베드로와 요한처럼, 의심이 믿음으로 변했던 도마처럼 그 삶 가운데 새로운 용기와 능력이 생길 줄 믿는다. 예수님은 부활하셨다. 그리고 예수님만이 유일한 생명의 길이다. 우리의 삶을 통해 부활의 주님을 증거 하고 증명할 수 있길 소망한다.

🌿 예수님의 공생애 사역, 특별히 마지막 일주일을 성경에 근거하여 시간 순서대로 열거해 보자.

🌿 예수님의 수난(체포—배반—심문—십자가)과 부활의 예시를 나의 말로 정리해 보자.

4 구원을 주시는 하나님의 능력

winning
gospel

세상에서 가장 행복한 사람이 있다면, 그 사람은 바로 구원을 받은 사람일 것이다. 반대로 세상에서 가장 안타까운 인생, 불행한 인생을 산 사람은 구원을 받지 못한 사람일 것이다. 세상을 살면서 구원을 받는 일이 어떠한 일인지 듣지도 못 하고 깨닫지도 못 하여 구원을 이루지 못하는 사람이 가장 불행한 것이다. 인간의 삶을 가장 힘들게 하고 고통스럽게 하는 것이 바로 죄와 저주이다. 구원받았다는 것은 무슨 의미일까? 바로 죄와 저주의 문제를 해결했다는 뜻이다. 죄와 저주에서 해방되었다는 것이다.

4 구원을 주시는 하나님의 능력

구원을 받는 길,
오직 믿기만 하라!

인생을 살다가 죽으면 저절로 구원을 받는 것이 아니다. 죄와 허물로 죽을 수밖에 없는 우리의 인생을 살리는 방법, 즉 구원을 받을 수 있는 방법이 있는데 친절하게도 성경에 그 비결이 나와 있다.

> "9네가 만일 네 입으로 예수를 주로 시인하며 또 하나님께서 그를 죽은 자 가운데서 살리신 것을 네 마음에 믿으면 구원을 받으리라 10사람이 마음으로 믿어 의에 이르고 입으로 시인하여 구원에 이르느니라"_〈로마서 10:9~10〉

구원은 믿음으로 거저 주어지는 것이다. 나의 행함과 선행으로 주어지는 것이 아님을 분명히 깨달아야 한다. 살아 계신 하나님의 말씀은 진리이다. 그 진리의 말씀을 우리가 믿을 때 구원을 얻는다고 전한다. 나의 경험과 지식, 공덕으로 구원을 받는 것이 아니다. 심지어 매주 교회에 나와서 출석을 한다고 해서 구원이 시작되는 것이 아니다. 교회 근처에 산다고, 나의 가족 중에 예수님을 믿는 사람이 있다고 하여 덩달아 얻어지는 구원이 아니라는 것이다. 내가 믿고 확신해야 구원을 받는다.

오랫동안 교회에 다녔어도 예수님을 믿지 못하면 구원을 받지 못한다. 반면, 오늘 처음으로 교회에 왔다고 할지라도 그 마음에 온전한 믿음이 생기면 구원을 받는 것이다. 그러면 믿음은 무엇인가? 아무나 믿는다고, 아무렇게나 믿는다고 모두 구원을 받을까? 그렇지 않다. 참된 믿음을 가지고 있어야만 한다. 참된 믿음이라는 것은 믿음의 대상과 내용이 올바르게 되어야 한다. 과연 누구를 믿어야 하는가? 위의 말씀을 보면, "예수를 주로 시인하라"고 전한다. 즉 믿음의 대상은 예수 그리스도, 믿음의 내용은 그분이 누구신가에 관한 것이다.

하나님께서는 우리 인간을 너무나도 사랑하셔서 죄악 가운데 죽어가는 우리를 가만히 두실 수 없었다. 때문에 하나님의 독생자 예수 그리스도를 이 땅에 보내 주셨다. 그리고 죄가 없으신 예수님께서 우리의 죄를 대신하여 십자가에서 죽으시고, 장사된 지 삼 일 만에 다시 살아나셨다.

이로써 우리는 영원한 생명, 구원을 받게 된 것이다. 이 얼마나 놀라운 은혜요, 크신 하나님의 사랑인가! 우리의 신앙생활 여부와 관계없이 역사적으로 변하지 않는 한 가지 사실이 있다. 바로 사람은 죽는다는 것이다. 과거에도, 오늘날에도 사람은 반드시 죽는다.

> "한번 죽는 것은 사람에게 정해진 것이요 그 후에는 심판이 있으리니"〈히브리서 9:27〉

사람은 반드시 한 번은 죽게 되는데, 이 죽음의 문제에 있어서 불확실한 것 세 가지가 있다. 언제 죽을지, 어디서 죽을지, 어떻게 죽을지 아무도 모른다는 것이다. 그저 확실한 것이라곤 누구나 반드시 죽게 된다는 것뿐이다. 그러나 육체적인 죽음이 끝은 아니다. 영원한 형벌의 죽음이 있다. 심판이 따른다. 왜? 모든 사람이 죄를 범했기 때문에, 죄인이기 때문에 심판을 받는 것이다. 우린 다른 사람보다는 조금 더 착하게 살 순 있다. 하지만 죄가 없는 인간은 없고, 죄를 안 짓고 살 수도 없다.

인간에게는 소망이 없다. 구원의 길이 없다. 허무하고 절망스러우며, 어둡고 고통 가운데 있는 것이 우리의 인생이다. 그런데 막막한 인생, 막다른 골목에 처한 인생 가운데 하나님의 소망이 한줄기 빛으로 나타난 것이다. 나를 향한 하나님의 사랑으로 말이다. 사실 죄가 없는 사람이 없기에, 어떤 사람이라 할지라도 나의 죄를 대신해 죽을 수는 없다. 그 사람은 그 사람대로의 죄가 있기 때문이다. 하지만 하나님의 외아들, 예수님은 그렇지 않다. 죄가 없으신 분이기에, 그분의 죽음으로 모든 인류의 죄를 대신할 수 있는 것이다.

"하나님이 세상을 이처럼 사랑하사 독생자를 주셨으니 이는 그를 믿는 자마다 멸망하지 않고 영생을 얻게 하려 하심이라"
_〈요한복음 3:16〉

뿐만 아니라 예수님은 부활의 첫 열매가 되셨고, 우리에게 영원한 생명을 주셨다. 예수 그리스도를 믿는 믿음 자체가 생명이요, 그의 십자가 죽으심과 부활을 믿는 믿음은 우리에게 구원을 준다. 마음으로 믿어 의에 이르고, 입으로 시인하여 구원에 이르는 것이다. 믿기만 하면 되지만, 사실 쉽지 않다. 예수 그리스도를 믿는다는 것을 나의 결단과 의지로 할 수 있는 것이 아니기 때문이다. 지식으로 이해하고 납득하는 것이 아니라 내 마음에 예수 그리스도를 모시고 용납하는 것이기에 어려운 것이다.

"다른 이로써는 구원을 받을 수 없나니 천하 사람 중에 구원을

받을 만한 다른 이름을 우리에게 주신 일이 없음이라 하였더라"_〈사도행전 4:12〉

예수 그리스도만이 유일한 믿음의 대상이며, 유일한 길이요, 생명이 되신다. 때문에 우리가 찬양하고 기도하며 예배하는 대상은 오직 예수님이어야 한다. 구원자 되신 예수님을 온전히 믿을 때, 우리는 구원받을 뿐만 아니라 우리의 삶이 예수님으로 인해 변화될 것이다. 이것이 복음의 능력이다. 일찍이 바울은 예수 그리스도를 만나 복음의 능력을 소유하게 되었다. 구원자 예수 그리스도를 믿는 그리스도인이라면, 반드시 복음의 능력 또한 경험해야 한다. 이것이 진짜 믿는 자, 구원을 받은 자임을 나타내기 때문이다.

복음의 능력을 경험하라!

복음에는 어떤 능력이 있을까? 〈사도행전〉 16장을 중심으로, 세 가지로 나눠 볼 수 있다.

"25 한밤중에 바울과 실라가 기도하고 하나님을 찬송하매 죄수들이 듣더라 26 이에 갑자기 큰 지진이 나서 옥터가 움직이고 문이 곧 다 열리며 모든 사람의 매인 것이 다 벗어진지라 27 간수가 자다가 깨어 옥문들이 열린 것을 보고 죄수들이 도망한 줄 생각하고 칼을 빼어 자결하려 하거늘 28 바울이 크게 소리 질러 이르되 네 몸을 상하지 말라 우리가 다 여기 있노라 하니 29 간수가 등불을 달라고 하며 뛰어 들어가 무서워 떨며 바울과 실라 앞에 엎드리고 30 그들을 데리고 나가 이르되 선생들이여 내가 어떻게 하여야 구원을 받으리이까 하거늘 31 이르되 주 예수를 믿으라 그리하면 너와 네 집이 구원을 받으리라 하

고 ³²주의 말씀을 그 사람과 그 집에 있는 모든 사람에게 전하더라"_〈사도행전 16:25~32〉

첫째, 복음에는 사탄의 세력을 멸하는 능력이 있다. 복음이라는 것은 예수 그리스도로 말미암아 내가 새로 태어난 것인데, 이는 사망권세를 깨뜨리고 사탄의 세력을 멸하신 예수 그리스도의 능력이 우리 가운데 주어진 것을 말한다. 위의 말씀을 보면, 바울과 실라는 빌립보 감옥에 갇혀 있다. 그들이 감옥에 갇히게 된 이유는 〈사도행전〉 16장 16절 이하에 나오는데, 기도하러 올라가다가 점치는 귀신들린 여종 하나를 만나 예수 그리스도의 이름으로 귀신을 내어 쫓는다. 이로 인해 더 이상 돈을 벌 수 없었던 주인은 그들을 고발하게 된 것이다.

여기서 우리는 바울이 귀신들린 여종을 향해 예수 그리스도의 이름을 선포하는 것에 주목할 수 있다. 우리가 구원을 받은 복음에 관하여 하나님은 어떤 분이고 나를 어떻게 살리셨으며 내가 어떤 존재인지 아는 지식도 중요하다. 하지만 이 지식을 아는 것에서 그치지 말고 삶의 능력이 됨을 깨달아야 한다. 구원받은 자는 예수 그리스도가 내주하는 자이다. 때문에 예수 그리스도의 능력이 내 안에 있고, 우리는 그분의 이름으로 사탄을 대적하고 물리치며 내어 쫓을 수 있는 권능을 소유하게 된 것이다.

> "이같이 여러 날을 하는지라 바울이 심히 괴로워하여 돌이켜 그 귀신에게 이르되 예수 그리스도의 이름으로 내가 네게 명하노니 그에게서 나오라 하니 귀신이 즉시 나오니라"_〈사도행전 16:18〉

복음을 소유한 우리에게는 혈과 육에 대한 보이는 싸움만 있는 것이 아니다. 보이지 않는 사탄과의 영적 전쟁이 늘 도사리고 있다. 하나님의 자녀, 복음의 능력을 소유한 자라면 반드시 이 영적 전쟁에서 승리를 해야 한다. 그런데 어떻게 승리할 수 있는가? 이는 오직 예수 그리스도의 이름으로만 가능하다. 우리에게 구원을 주신 예수 그리스도께 사탄의 세력을 멸할 능력이 있다. 예수 그리스도를 믿는가? 그렇다면 내 안에 계신 예수 그리스도의 능력, 복음의 능력으로 말미암아 우리는 영적 전쟁에서 승전가를 울릴 수 있다.

하나님께서 나를 사랑하사 구원을 선물로 주셨고, 하나님의 자녀 삼아 우리의 삶을 늘 승리의 삶으로 인도하신다. 바로 내 안의 예수 그리스도의 능력, 그 복음의 능력으로 말이다. 우리는 사탄의 어떤 공격 앞에서도 능히 승리할 수 있다. 의심하지 않고 예수 그리스도를 믿음으로 복음의 능력을 소유한 우리가 될 수 있길 바란다. 사탄의 어떤 공격에서도 쓰러지지 않고 당당히 맞서 싸워 이기는 복음의 능력을 소유한 자들이 되길 기도한다. 우리를 죄와 사망에서 해방하신 예수 그리스도만이 가능함을 잊지 마라.

둘째, 복음의 능력은 환경을 이기는 능력이 있다. 앞서 말했듯이, 복음에는 사탄의 세력을 멸하는 능력도 있지만 우리에게 다가오는 모든 환경을 이기는 능력도 있다. 나의 삶의 여건과 환경을 정복하는 능력 말이다. 다시 바울과 실라의 이야기로 돌아가 보자. 바울은 예수 그리스노의 이름으로 점치는 귀신들린 여종에게서 귀신을 내어 쫓는다. 그런데 문제는 이 점치는 여종으로 인해 돈을 벌었던 주인이다. 그는 바울로 인해 수입원이 끊기자 사람들을 선동하여 바울과 실라를 붙잡아 매로 치고 빌립보 감옥에 가둔다.

귀신을 내어 쫓으니까 사탄이 주인의 뒤에서 조종하여 여론을 조장하고 성을 요란하게 하여 바울과 실라를 매로 치면서 감옥에 가두는 것이다. 오늘날에도 사탄은 교회와 성도들을 이렇게 공격할 수 있다. 그러나 분명한 것은 사탄이 아무리 승리하는 것처럼 보일지라도 결국 자기의 무덤을 판다는 사실을 잊지 말아야 한다. 모든 역사는 하나님의 주권과 선하신 손길 아래서 이뤄진다. 예수님께서 종교 지도자들의 손에 십자가 죽임을 당한 것 같지만, 사실은 죽음이 있었기에 부활이 있는 것이다.

바울과 실라는 사탄이 원하던 대로 감옥에 갇혔다. 환경의 어려움이 발생한 것이다. 아마 사탄은 이것을 보며 기뻐했을지 모른다. 주님을 위해 복음을 전하는 자들인데, 형통하기는커녕 매 맞고 감옥에 갇히는 신세가 되었기 때문이다. 그러나 바울과 실라가 감옥에 들어간 것은 사탄의 농간이 아닌 하나님의 놀라운 역사와 계획 속에 있었다. 하나님께서는 바울과 실라가 감옥에 있을 때, 감옥 문을 친히 열어 주시는 놀라운 기적과 은혜를 베푸셨다. 살아 계신 하나님의 역사를 눈으로 직접 본 것이다.

이뿐만이 아니다. 감옥 문이 열리는 기적으로 인해 간수와 그의 가정이 구원에 이르는 놀라운 은혜가 임했다. 즉 바울과 실라는 하나님의 복음 전파 통로로 온전히 사용된 것이다. 당신은 고난 가운데 있는가? 어려움에 처해 있는가? 바울과 실라가 옥중에서도 기도하고 찬양했던 것처럼, 당신도 예수 그리스도만 의지하며 기도하고 찬양하라. 그러면 하나님께서 놀라운 기적과 은혜를 베푸실 것이다. 구원을 주시는 하나님의 능력, 복음의 능력을 체험하게 될 것이다.

복음의 능력이 있는 성도의 삶과 복음이 없는 세상 사람들의 삶에는 극명한 차이가 있다. 이는 환경의 어려움에 처했을 때 나타나는데, 복음의 능력이 있는 성도들은 기도와 찬양으로 환경을 극복해 나간다는 것이다. 즉 예수 그리스도를 의지한다. 하지만 세상 사람들은 기댈 대상이 없다. 믿음의 대상이 없기에 소망이 없고, 죽음의 문제도 해결할 수 없다. 극단적으로 말해, 세상 사람들은 환경의 어려움으로 곤경에 처했을 때 자신의 생명을 포기할 지경에까지 이르게 된다는 것이다.

셋째, 복음의 능력은 내 안에만 갇혀져 있는 것이 아니라 나를 통해 또 다른 영혼들이 주님을 만나는 역사를 이룬다. 바울과 실라는 복음의 능력으로 환경의 어려움을 극복했다. 하지만 그것에서 그치지 않고 놀라운 기적을 통해 복음을 전했다. 간수는 옥문이 열려 있는 것을 보고 자결하려 했다. 하지만 바울과 실라는 간수 앞에 나타나 죽음 대신에 생명을 전하였다. 뿐만 아니라 간수의 가족까지 복음의 능력으로 말미암아 구원을 받게 되는 은혜가 임했던 것이다.

사실 바울의 인생을 보면, 간수보다도 더 하나님을 대적했던 인물이다. 예수님을 믿는 사람들을 찾아다니며 핍박했던 인물이었다. 그러나 그는 하나님의 사랑으로 인해 다메섹으로 올라가는 길에 예수 그리스도를 만났다. 복음의 능력을 경험한 것이다. 그의 인생 전체가 통째로 바뀐 것이다. 이후 바울의 관심은 단 한 가지뿐이었다. 자신이 경험한 복음을 전하는 것! 생명의 복음을 증거 하는 것이었다. 그는 성경에 다음과 같이 고백했다. 이 고백이 우리의 고백이 될 수 있길 바란다.

> "내가 달려갈 길과 주 예수께 받은 사명 곧 하나님의 은혜의 복음을 증언하는 일을 마치려 함에는 나의 생명조차 조금도 귀한 것으로 여기지 아니하노라"_〈사도행전 20:24〉

이 말씀이 우리에게 어떤 도전을 주는가? 나를 변화시킨 복음, 나를 사랑하시는 주님의 은혜가 우리만 누릴 수 있는 것은 아니다. 참으로 예수 그리스도를 믿는 자라면, 그 속에는 반드시 복음의 능력이 있다. 또한 복음의 능력을 소유한 자는 반드시 그 은혜에 감격하여 가만히 있고는 참을 수 없을 것이다. 바울과 같지 않더라도, 내 속에서부터 꿈틀대는 복음의 능력을 가만히 둘 수 없을 것이기 때문이다. 만약 여전히 내 속에 복음을 전할 마음이 없다면, 믿음부터 다시 점검해 보아야 할 것이다.

복음의 사명자로
거듭나라!

사실 바울은 세상적으로 보았을 때 참으로 성공한 인생이었다. 길리기아라는 땅의 다소라는 곳에서 태어났고, 바리새인 중의 바리새인이었으며, 당시 최고의 율법학자였던 가말리엘의 문하생이었다. 최고의 학식을 지녔을 뿐만 아니라 로마 시민권을 가지고 있었던 사람이었다. 아마 대제사장들을 비롯하여 종교 지도자들이나 정치 지도자들과 인맥이 두터웠을 것이다. 그러나 영적으로는 한없이 어두웠던 사람이었다. 예수님을 믿기가 정말 어려웠던 사람이다. 그러나 그가 주님을 만났다.

다메섹으로 올라가는 그 길 가운데 예수 그리스도를 만난 것이다. 그리고 하나님으로부터 사명을 받았다. 이방인들에게 복음을 증거하는 전도자의 사명 말이다. 주님을 믿음으로 말미암아 과거의 죄악을 회개한 것도 크나큰 은혜인데, 그는 자신에게 다시금 주어진 생명을 어떻게 살아야 하는지를 발견한 것이다. 주님으로 인해 구원받고 새 생명을 받은 우리에게도 바울과 같은 사명과 축복이 있다. 그러나 우리는 바울과는 다르게 복음의 사명자가 된 것을 굉장히 부담스러워하며 짐처럼 생각한다.

예수님도 하나님께 사명을 받으셨다. 이 땅 위에 성육신하신 것, 우리의 죄를 대신해 십자가에서 죽으신 것 그리고 부활하신 것까지 모두 하나님께 받은 사명을 감당하신 것이다. 하나님이신 예수님도 우리 때문에 이 사명을 감당하셨는데, 구원을 받고 복음의 능력을 소유했다는 우리는 사명을 왜 꺼려 하는가? 바울은 주님께 받은 사명에 가슴이 뜨거워지고 감격스러워했다. 때문에 그는 주 예수께 받은 사명 곧 하나님의 은혜의 복음을 증언하는 일을 마치려 함에는 나의 생명조차 조금도 귀한 것으로 여기지 않는다고 고백한 것이 아닌가.

예수님께서는 우리에게 구원의 길을 열기 위해 이 땅에 오셨다. 이것이 주님의 사명이었다. 영혼을 구원하는 것, 이것이 그분의 존재 목적이요, 십자가의 길이었다. 그러나 이것이 이제는 주님만의 사명이 아니다. 예수님께서는 죽으시고 부활하신 이후에 제자들에게 나타나 다음과 같이 말씀하셨다.

"예수께서 또 이르시되 너희에게 평강이 있을지어다 아버지께서 나를 보내신 것 같이 나도 너희를 보내노라" 〈요한복음 20:21〉

구원을 받고 복음의 능력을 소유한 우리에게는 주님이 주신 귀한 사명이 있다. 하나님이 예수님께 주셨던 그 사명을 이어, 우리는 예수님께서 다시 오시는 그날까지 우리 각자에게 주어진 사명을 잘 감당해야 한다. 지금 이 시간에도 죽으면 지옥으로 떨어져 고통받을 영혼이 수없이 많다. 그들이 살아 있을 때, 우리는 한 영혼에게라도 더 복음을 전해야 한다. 우리가 받은 복음을 더 많은 사람에게 들려줘야 한다. 내 안의 복음의 능력으로 담대하게 사명을 감당하여 하나님의 놀라운 축복이 이 땅 가운데 이뤄지길 간절히 소망한다.

- 당신이 경험했던 복음의 능력이 있는가? 최대한 자세히 말해 보라.

- 복음의 사명자로서 당신은 어떤 일들을 하였는지 적어 보라. 또는 복음의 사명자로서 앞으로 어떻게 살아갈 것인지 구체적인 계획을 세워 보라.

PART 02

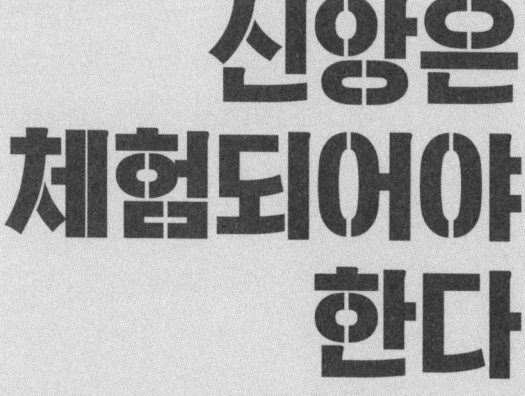

신앙은 체험되어야 한다

신앙은 체험되어야 한다

1. 네가 나를 사랑하느냐
2. 참된 고백과 거듭남
3. 죄 사함의 은혜
4. 예수를 따르는 삶

1 네가 나를 사랑하느냐

winning
gospel

예수님께서는 베드로에게 물으셨다. "네가 나를 사랑하느냐?" 예수님께서는 베드로를 너무나 사랑하셨기에 물으신 것이다. 예수님의 관심은 '사랑'이었다. 그래서 사랑에 관해 물으신 것이다. 우리도 마찬가지이다. 하나님께서는 우리를 너무나 사랑하신다. 나를 너무나 사랑하셔서 십자가에서 죽기까지 하셨던 것이다. 하지만 베드로는 예수님이 십자가를 향해 가시는 그 길 중에 예수님을 무려 세 번이나 부인하고 말았다. 예수님을 배반하고 마지막에는 저주까지 했다.

1 네가 나를 사랑하느냐

주님은 나를
사랑하신다

베드로는 주님의 사랑을 깨닫지 못했기에, 자신이 살기 위해 십자가에 달리실 주님을 외면했다. 주님께서 십자가에 죽으실 때, 베드로에게는 부활에 대한 믿음이 없었다. 그래서 베드로는 다른 제자들과 함께 자신의 옛 터전인 갈릴리로 내려와 예전과 같이 그물을 내리며 물고기를 잡는 일상으로 돌아갔던 것이다. 그럼에도 불구하고 예수님께서는 베드로를 사랑하셨다. 당시의 모든 제자를 사랑하셨다. 그리하여 예수님께서는 죽으시고 부활하신 후에 다시 갈릴리 바다로 그들을 찾아가신 것이다.

우리를 찾아오신 주님, 그 놀라운 주님의 사랑이 오늘날 우리에게도 동일하게 임하고 있다. 제자들은 밤새도록 그물을 던졌지만, 한 마리의 물고기도 잡지 못했다. 주님이 없는 삶은 공허하고, 헛된 것이었다. 주님이 그들에게 "너희에게 고기가 있느냐?"고 물으셨다. 그때까지만 해도 제자들은 예수님을 알아보지 못했다. 주님은 다시 그들에게 "배 오른편에 그물을 내리라"고 말씀하셨다. 주님의 말씀에 순종했을 때, 그들은 그물을 들 수 없을 만큼 많은 물고기를 잡게 되었다.

그제야 요한은 베드로에게 이야기했다. "주님이시다!" 베드로는 자신의 겉옷을 가지고 바다에 첨벙 뛰어 들어갔다. 헤엄쳐 예수님께로 달려간 것이다. 예수님께서는 밤새 추위에 떨고 있었던 허기진 제자들을 위해 바닷가에 불을 피워 생선과 떡을 굽고 계셨다. 사실 베드로는 불을 바라보면서 마음이 많이 불편했을 것이다. 죄책감에 사로잡혔을 것이다. 왜냐하면 며칠 전 대제사장의 뜰 안 그 불 앞에서 예수님을 세 번이나 부인했기 때문이다. 주님은 이런 베드로의 상처를 치유하고 싶으셨던 것이다.

과거의 상처, 과거의 아픔을 그대로 재현해 놓으시고 주님은 그 상황을 사랑의 현장으로 바꾸어 나가셨다. 우리는 여기서 주님의 세심한 사랑을 발견할 수 있다. 조반을 다 드신 후, 예수님께서는 베드로에게 "네가 나를 사랑하느냐?"라고 질문하셨다. 주님은 베드로의 과거의 삶을 추궁하지 않으셨다. 왜 나를 배반했느냐고, 왜 너는 믿음이 없었느냐고 질책하지 않으셨다. 그저 사랑에 대해서만 물으셨다.

왜 그러셨을까? 예수님께서는 베드로를 사랑하셨고, 그 사랑으로 인해 십자가를 지셨기 때문이다.

"¹⁵그들이 조반 먹은 후에 예수께서 시몬 베드로에게 이르시되 요한의 아들 시몬아 네가 이 사람들보다 나를 더 사랑하느냐 하시니 이르되 주님 그러하나이다 내가 주님을 사랑하는 줄 주님께서 아시나이다 이르시되 내 어린 양을 먹이라 하시고 ¹⁶또 두 번째 이르시되 요한의 아들 시몬아 네가 나를 사랑하느냐 하시니 이르되 주님 그러하나이다 내가 주님을 사랑하는 줄 주님께서 아시나이다 이르시되 내 양을 치라 하시고 ¹⁷세 번째 이르시되 요한의 아들 시몬아 네가 나를 사랑하느냐 하시니 주께서 세 번째 네가 나를 사랑하느냐 하시므로 베드로가 근심하여 이르되 주님 모든 것을 아시오매 내가 주님을 사랑하는 줄을 주님께서 아시나이다 예수께서 이르시되 내 양을 먹이라"〈요한복음 21:15~17〉

예수님께서는 우리의 영혼을 살리기 위하여 십자가에서 죽으시고 부활하셨다. 그 사랑에 대한 질문을 베드로에게 던지신 것이다. 우리는 진정 하나님의 사랑을 아는가? 그 크신 사랑을 경험하고 있는가? 베드로의 마음은 흔들렸을 것이다. 그의 마음은 요동치고 있었을 것이다. '정말로 주님은 나를 사랑하실까? 나는 주님을 사랑하지 못했는데, 주님은 나를 믿어 주실까?'라고 말이다. 사실 베드로는 주님을 배반하기 전까지 예수님의 수제자였고, 그의 입술로 기가 막힌 고백도 했었다.

> "16시몬 베드로가 대답하여 이르되 주는 그리스도시요 살아 계신 하나님의 아들이시니이다 17예수께서 대답하여 이르시되 바요나 시몬아 네가 복이 있도다 이를 네게 알게 한 이는 혈육이 아니요 하늘에 계신 내 아버지시니라 18또 내가 네게 이르노니 너는 베드로라 내가 이 반석 위에 내 교회를 세우리니 음부의 권세가 이기지 못하리라"_〈마태복음 16:16~18〉

우리가 주님의 사랑이 의심될 만큼 죄 가운데 빠져 있을 때 사탄은 그 자리에 침투한다. 우리의 영에 계속해서 거짓 메시지를 준다. '너는 사랑받을 자격이 없어. 너는 믿을 수 없는 사람이라고. 배신하는 것도 한두 번이지!' 사탄은 우리를 계속해서 유혹한다. 하지만 중요한 것은 주님이시다. 주님은 우리를 사랑하신다고 말씀하셨다. 우리를 사랑할 뿐만 아니라 우리를 향한 그 사명이 아직도 유효하다고 말씀하신다. 주님은 우리의 실수와 실패에 상관없이 우리를 사랑하신다. 지난 허물과 죄악에 상관없이 말이다.

주님은 오로지 우리의 인생을 통해 영광받길 원하신다. 그래서 오늘도 우리를 찾아와 사랑하신다고 말씀하신다. 하나님의 놀라운 사랑이 우리에게 있다. 지난날 어떤 죄를 지었든지, 어떤 세월을 보냈든지 간에 이 글을 읽고 있는 오늘만큼은 하나님의 사랑을 깊이 체험할 수 있길 소망한다. 우리에게 찾아와 마음 문 열기를 기다리시는 주님께 마음을 활짝 열어드릴 수 있기를 기도한다. 굉장히 서먹하고 어색할지라도 찬양하며 기도하는 마음으로 주님의 말씀을 통해 주님의 음성을 들을 수 있길 바란다.

주님의 사랑에
반응하라

주님의 사랑을 경험한 사람은, 주님의 사랑에 반응하는 삶을 살게 된다. 주님의 사랑이 우리의 삶을 가득 채울 때, 우리는 그 사랑에 겨워 주님을 더욱 뜨겁게 사랑하게 되고 영혼을 사랑하게 된다. 당신은 주님을 사랑한다고 고백한 적이 있는가? 예수님께서는 베드로에게와 같이 우리에게도 질문하신다. "네가 나를 사랑하느냐?" 이 사랑의 고백은 참 중요하다. 때문에 주님은 베드로에게 물으셨고, 오늘날 우리에게도 물으시는 것이다. 그리고 주님은 "내가 주님을 사랑하는 줄 주께서 아십니다"라고 고백받길 원하신다.

때로는 염치없어 보이고 구차해 보이며 극도의 실망감을 드릴 수 있는 연약한 인생이지만, 그럼에도 불구하고 주님은 우리를 한결같이 사랑하신다. 그리고 우리의 고백을 받기 원하신다. 주님의 사랑이 우리 안에 가득하면, 그 크신 사랑에 감격하면 우리는 주님이 원하시는 것을 이루어 드리길 원하게 된다. 베드로는 주님의 "내 양을 먹이라"는 말씀에 반응하였다. 주님의 사랑이 가득했기에, 주님의 기쁨이 되는 삶을 살기를 원하는 것은 당연하다. 주님을 위하여 복음을 전하고 헌신하며 용서하는 것이다.

사명 이전에 사랑이 있다. 사명 이전의 관계는 매우 중요하다. 주님을 사랑하는 그 마음으로 주님께서 주신 그 사명을 감당하는 것이다. 만약 주님을 사랑하는 마음 외에 다른 것 때문에 봉사하고 사명을 감당하고 있다면, 우리의 사명은 쉽게 변질될 수 있다. 그러나 주님을 사랑하면 그것만으로 족하다. 사랑 하나만으로도 충분하다. 주님의 십자가 사랑, 그 크신 사랑으로 우리의 삶이 따스해지길 바란다. 더불어 그 사랑에 힘입어, 복음의 능력에 힘입어 사명을 감당하는 축복이 있길 소망한다.

사랑 안에 모든 것이 있다. 소망이 있고, 믿음이 커지며, 충성이 있고, 모든 것을 견뎌내는 힘이 있다. 예수님께서 수많은 질문을 하셨지만, 이 땅에 사시면서 승천하시기 전에 마지막으로 하신 질문이 바로 "네가 나를 사랑하느냐?"이다. 〈요한계시록〉 2장을 보면, 소아시아 지역 7개 교회를 책망하실 때에도 첫 번째 에베소 교회에 말씀하신 것이 바로 사랑에 대한 것이었다. "네가 첫 사랑을 버렸다. 처음 행

위를 가지라"고 말이다. "내 양을 먹이라"는 사명을 주셨다. 이 사명은 전혀 새로운 사명이 아니다.

베드로를 부르셨을 때, 이미 주신 사명이었다. 그러나 주님의 사랑을 경험할 때, 주님의 사랑으로 채워질 때 이 사명은 새롭게 다가온다. 나의 가정에서, 교회에서, 직장에서 주님의 사랑 때문에 견뎌가는 것이다. 주님의 사랑 때문에 나의 인생을 드리는 것이다.

한번은 선교사님들과 교제할 기회가 있었다. 그런데 한 선교사님은 그 마음에 얼마나 많은 어려움이 있었던지 이미 대화가 시작하기도 전에 눈물을 흘리셨다. 그럼에도 선교사님들이 좁은 길을 택하신 이유는 바로 주님의 사랑 때문이다.

다른 이유가 없다. 주님의 사랑을 경험했으니, 그 사랑을 다시 주 앞에 드리는 것이다. 주님의 사랑을 나누는 것이다. 그 사랑 때문에 전도하는 것이다. 주님이 나에게 주신 모든 것을 다 드려서 주님의 영광을 위해 쓰임받길 소망하는 것이다. 우리의 입술에도 주님을 사랑한다는 고백이 있길 바란다. 주님의 영광을 위하여 쓰임받기를 소망할 수 있는 믿음이 우리에게 주어지길 소망한다. 나의 삶 속에 가득한 주님의 사랑으로 말미암아 다른 영혼을 사랑하며, 그들을 주님 앞으로 이끌 수 있는, 반응하는 신앙인이 되어야 할 것이다.

사랑의
새 역사를 쓰라

'사랑'이라는 단어는 참으로 역동적이지 않은 듯하지만 사실 그 안에는 강력한 힘을 가지고 있다. 굉장히 정적인 단어 같지만, 사실 동적이고 죽음을 이기는 능력을 가지고 있다. 사랑 가운데는 문제를 해결하는 능력이 있고, 용서와 화해의 능력, 평화의 능력이 있다. 하나님께서 우리 가운데 그 사랑을 부어 주셨다. 그 사랑의 능력이 가정과 교회, 직장 안에 가득하길 축복한다. 뿐만 아니라 그 중심에 우리가 서 있길 간절히 소망한다.

하나님께서는 우리를 통해 사랑의 새 역사를 쓰시기 원한다. 바울과 같이 하나님을 너무나 사랑하여 목숨까지도 내어 던질 수 있는 그런 사랑의 능력을 말이다. 사랑의 능력을 받아서 잃어버린 영혼들을 찾아 주님 앞에 이끌고 나오는 놀라운 사랑의 역사를 원하시는 것이다. 사실 이보다 더 큰 사랑을 우리는 이미 받았다. 하나님의 사랑으로 인해 우리는 예수 그리스도로 말미암아 구원을 받아 영원한 생명을 받은 것이다. 우리가 목숨을 내어 놓는다 할지라도, 하나님의 사랑에 비할 바는 아니다.

다만 하나님은 우리가 하나님을 사랑하고, 영혼을 진정으로 사랑하길 원하신다. 〈갈라디아서〉 5장을 보면, 성령의 열매가 나온다. 그 첫 번째가 무엇인가? 바로 사랑의 열매이다. 오랜 신앙생활로 성령이 충만하다고 하면서, 매일 말씀과 기도로 성령이 충만한 자라 일컬으면서 그 안에 사랑이 없으면 그 사람은 성령의 사람이 아닌 것이다. 성령의 은혜를 받고, 인도하심을 받는 사람이라면 그 안에 사랑이 흘러넘쳐야 한다. 각자 자신을 한번 돌아보라. 나는 과연 사랑의 능력을 가진 사람인가?

〈마태복음〉 22장을 보면, 율법학자가 예수님을 시험하고자 "가장 큰 계명은 무엇입니까?"라고 묻는다. 그때 예수님께서는 '사랑'으로 일축하여 말씀하셨다. 그렇다! 첫째도 사랑이요, 둘째도 사랑이다.

"[37]예수께서 이르시되 네 마음을 다하고 목숨을 다하고 뜻을 다하여 주 너의 하나님을 사랑하라 하셨으니 [38]이것이 크고 첫째 되는 계명이요 [39]둘째도 그와 같으니 네 이웃을 네 자신

같이 사랑하라 하셨으니 ⁴⁰이 두 계명이 온 율법과 선지자의 강령이니라"_〈마태복음 22:37~40〉

또한 하나님께서는 사도 바울을 통해 고린도 교회에 편지할 때, 강력하게 말씀하신 것이 있다. 우리 가운데 아무리 능력이 많다고 할지라도 사랑을 잃어버리면 아무것도 아닌 것이 된다고 말이다.

"¹내가 사람의 방언과 천사의 말을 할지라도 사랑이 없으면 소리 나는 구리와 울리는 꽹과리가 되고 ²내가 예언하는 능력이 있어 모든 비밀과 모든 지식을 알고 또 산을 옮길 만한 모든 믿음이 있을지라도 사랑이 없으면 내가 아무 것도 아니요 ³내가 내게 있는 모든 것으로 구제하고 또 내 몸을 불사르게 내줄지라도 사랑이 없으면 내게 아무 유익이 없느니라"_〈고린도전서 13:1~3〉

우리 마음 가운데 사랑이 열렸으면 좋겠다. 하나님의 사랑이 우리 가운데 부은 바 되기를 간절히 바란다. 주님을 향한 아름다운 사랑의 고백이 진실된 고백이길 기도한다. 주님의 사랑 안에 축복이 있고, 주님의 사랑 안에 치유가 있으며, 주님의 사랑 안에 나의 모든 문제의 답이 있다. 우리가 먼저 사랑하고, 사랑으로 하나 되어 살아간다면 이 세상도 점차 따스해질 것이라 믿는다. 하나님이 우리를 먼저 사랑하셨으니, 사랑에 빚진 우리가 세상을 향해 사랑의 손길을 뻗어야 할 때이다.

"그런즉 믿음, 소망, 사랑, 이 세 가지는 항상 있을 것인데 그 중의 제일은 사랑이라"_〈고린도전서 13:13〉

진정 우리 개개인이 하나님의 사랑을 온전히 경험할 수 있기를 바란다. 우리의 삶 가운데 주님을 향한 뜨거운 사랑의 고백이 있기를 원한다. 그리하여 우리가 기도하고 찬양할 때 주님의 그 놀라운 사랑이, 나를 위해서 독생자까지 아낌없이 주신 그 아름다운 사랑이 우리의 삶을 넘고 우리의 가정과 교회를 넘어 이 나라와 민족을 덮을 수 있는 놀라운 은혜가 되길 말이다. 하나님의 사랑만이 우리를 죄에서 구원하여 영원한 생명을 줄 뿐만 아니라, 그분의 사랑이 흘러넘칠 때 비로소 이 세상의 모든 악이 잠잠해질 것이다.

"[1]유월절 엿새 전에 예수께서 베다니에 이르시니 이 곳은 예수께서 죽은 자 가운데서 살리신 나사로가 있는 곳이라 [2]거기서 예수를 위하여 잔치할새 마르다는 일을 하고 나사로는 예수와 함께 앉은 자 중에 있더라 [3]마리아는 지극히 비싼 향유 곧 순전한 나드 한 근을 가져다가 예수의 발에 붓고 자기 머리 털로 그의 발을 닦으니 향유 냄새가 집에 가득하더라"_〈요한복음 12:1~3〉

〈요한복음〉 12장을 보면, 주님을 뜨겁게 사랑한 한 가정이 예수님을 위해 잔치를 베푸는 장면이 나온다. 이 가정은 예수님을 너무나 사랑해서, 그 말씀을 듣고 사랑의 내화를 나누고자 잔치를 베푼 것이다. 하지만 우리가 기억해야 할 것이 있다. 당시 상황을 보면, 사실 절대로 잔치를 베풀 만한 상황이 아니었다. 예수님을 따라갈 만한 상황이 아니라는 것이다. 왜? 성경은 서두에 "유월절 엿새 전"이라고 분명하게 기록한다. 즉 예수님을 따르는 것이 세상적으로 행복한 일이 아니라 고난의 길로 나아가는 것이었기 때문이다.

〈요한복음〉 11장에서는 당시의 정치 지도자들과 종교 지도자들이 예수님을 죽이기로 이미 모의했다고 기록한다. 예수님이 십자가에서 처참하게 죽으실 위기에 있는 것이다. 결코 잔치를 베풀 만한 상황이 아니란 것이다. 그럼에도 불구하고 마리아와 마르다 그리고 나사로는 예수님을 초청하고 잔치를 베풀었다. 뿐만 아니라 마리아는 그 어두운 환경 가운데서도 주님을 사랑한다고 고백했다. 자신의 가장 귀한 향유 옥합을 깨뜨려 자기의 머리털로 예수님의 발을 닦았다. 이 얼마나 큰 사랑의 고백인가!

우리도 주님을 사랑할 때 수많은 제약이 따른다. 핍박이 따르지 않을 수 없고, 환경적인 제약이 전혀 없을 수 없다. 우리가 주님을 사랑할 때, 우리를 조롱하면서 핍박하는 영혼들이 있을 수 있다. 물질적인 어려움이 찾아오거나, 헌신을 하기에는 너무나 연약한 육체를 가졌을지 모른다. 그럼에도 불구하고 주님 앞에 나아가 사랑한다고 고백할 수 있어야 한다.

하나님은 우리의 중심을 아신다. 겉으로 아무리 아름다운 이야기를 할지라도, 중심을 보시는 주님을 우리는 속일 수 없다. 우리의 마음 가운데 사랑이 있는지, 순수한 마음으로 주님을 향한 헌신이 있는지를 다 알고 계신다. 주님께 사랑 고백을 할 때는 정결한 모습으로 진정과 신령으로 할 수 있어야 한다. 주님의 말씀을 듣는 자리에 있음에도, 딴마음을 품고 거짓된 마음과 위선적인 모습이 있지는 않은가? 내 안에 진실로 가득한 참 사랑이 있어야 한다. 주님은 우리에게 그것을 원하신다.

주님을 처음 만났던 그때를 기억하는가? 주님을 향한 첫사랑을 고백하던 그때 말이다. 우리 모두 주님을 향한 첫사랑이 회복되길 바란다. 뿐만 아니라 첫사랑을 넘어 사랑의 새 역사를 쓰는 주역이 될 수 있길 소망한다. 우리가 사랑의 새 역사를 쓸 때, 우리의 삶에 놀라운 변화가 있을 것이다. 나로 인해 가정과 교회가 변하고, 사회와 국가가 변하는 놀라운 은혜가 있을 것이다. 사랑 하나면 되는데, 무엇을 주저하는가? 현실을 이길 힘은 예수 그리스도를 향한 참된 사랑의 고백에서부터 나온다.

- 주님께서 오늘 당신에게 "너는 나를 사랑하느냐?"라고 물으신다면, 당신은 어떻게 대답할 것인가? 하나님을 향한 사랑의 고백을 해 보자.

- 하나님은 당신을 먼저 사랑하셨다. 그 사랑을 묵상해 보자. 그리고 당신이 하나님을 가장 사랑했을 때를 떠올려 보자. 지금의 모습과 어떻게 다른가?

2 참된 고백과 거듭남

winning
gospel

하나님께서 우리를 자녀 삼아 주시고, 우리의 삶을 인도하시며, 늘 주님의 말씀을 듣고 묵상하게 하시니 참으로 감사하다. 말씀을 듣고 묵상할 때, 우리의 마음 문을 활짝 열어 믿음으로 받아들일 수 있었으면 좋겠다. 좋은 밭이 준비된 심령 가운데에는 하나님의 말씀이 떨어져 삼십 배, 육십 배, 백배의 결실을 맺는 축복이 임하게 된다. 이 영광의 주인공이 오늘 내가 되어 보면 어떨까? 신앙생활에서 가장 중요한 신앙고백 그리고 거듭남에 대하여 우리는 얼마나 알고 그에 대한 준비가 되어 있는가?

2 참된 고백과 거듭남

참된 신앙고백

예수님의 사역을 보면, 초반에는 하나님의 능력을 많이 나타내셨다. 기적도 베풀어 주시고, 병든 자도 일으키시며, 놀라운 이적과 역사들을 보이셨다. 그러나 후반부로 갈수록 예수님께서는 십자가로 나아가실 것을 예비하셨다. 제자들에게 자신의 십자가 죽음과 부활에 대해 말씀하기 시작하셨다. 예수님께서는 십자가의 삶을 준비하기 시작하신 것이다. 그 분수령이 되는 신앙고백, 빌립보 가이사랴에서 있었던 주님과 제자들의 대화를 통해 우리는 알 수 있다.

"27예수와 제자들이 빌립보 가이사랴 여러 마을로 나가실새 길에서 제자들에게 물어 이르시되 사람들이 나를 누구라고 하느냐 28제자들이 여짜와 이르되 세례 요한이라 하고 더러는 엘리야, 더러는 선지자 중의 하나라 하나이다"〈마가복음 8:27~28〉

우리는 주님의 기적을 소원하고 축복을 바라본다. 또한 성도의 삶 가운데에는 분명 하나님의 축복과 역사하심이 있다. 예배 가운데, 기도 가운데 전능하신 하나님의 채우심과 그 응답을 받는 것이 모두 우리의 삶에서 하나님의 살아 계심을 경험하는 일이다. 그런데 그리스도인의 삶은 축복의 삶을 지향하는 삶이 아니라 주님을 바라보며 그 뜻을 이루는 삶이어야 한다. 다시 말해, 축복 지향적인 삶이 아닌 사명 지향적인 삶이어야 한다는 것이다. 하나님께서 우리에게 주신 사명을 따라가는 것이 제자의 길이요, 영적인 순례자의 길이다.

예수님께서 제자들을 부르실 때를 생각해 보자. 어부였던 제자들은 밤새도록 그물을 내렸지만, 한 마리의 물고기도 잡지 못했다. 이때 예수님은 제자들에게 찾아오셨다. 그리고 피곤하여 지쳐 있는 그들에게 "깊은 곳에 가서 그물을 내려라"고 말씀하셨다. 몸이 너무나 피곤하고 그들의 생각과 경험과는 전혀 달랐지만, 그들은 주님께서 말씀하셨기에 그 말씀에 의지하여 순종함으로 깊은 곳에 가서 그물을 내렸다. 그리고 그들은 엄청난 기적을 경험했다. 그물이 찢어질 만큼, 두 배가 잠길 만큼 놀라운 하나님의 축복을 경험한 것이다.

그러나 주님의 일은 거기서 끝나지 않았다. 예수님은 시몬 베드로에게 "너는 나를 따르라. 사람을 낚는 어부가 되게 하리라"고 말씀하셨다. 그때 제자들은 배와 물고기를 다 버려두고 예수님을 따랐다. 하나님께서 주신 축복이라 할지라도, 주님이 부르셨을 때 모두 내려놓고 주님을 따랐다는 것이다. 이것이 제자의 길이다. 주님이 말씀하시면 순종하는 것이고, 주님께서 기뻐하시는 일이라고 한다면 세상의 모든 성공과 자랑까지도 다 내려놓고 주님을 따라가는 것이 진정한 제자의 길이라는 것이다.

이런 축복과 기적들이 우리의 삶 가운데 있다. 하나님은 놀라운 기적을 베푸시고는 제자들을 부르시고 인도하셨다. 그런데 주님은 별안간 빌립보 가이사랴에서 제자들이 어떠한 신앙고백을 가지고 있는지를 점검하신 것이다. "사람들이 나를 누구라 하느냐", 즉 나의 기적도 보고 축복도 받았으며 가르침도 들었는데, 사람들은 나를 누구라고 하는지를 묻고 계신 것이다. 이에 더러는 세례 요한이라 하고, 더러는 엘리야라고 하며, 더러는 선지자 중의 하나라고도 한다고 제자들은 각자 자신이 들은 대로 대답을 하였다.

언뜻 보면, 모두 예수님을 대단한 사람으로 알고 고백한 말 같다. 그러나 그것은 참된 신앙고백이 아니었다. 주님과 가까이 있고, 주님을 따랐으며, 놀라운 역사를 경험했지만 그들은 진정 예수님이 누구신지를 몰랐던 것이다. 우리도 마찬가지이다. 늘 신앙생활을 한다고 하지만, 신앙의 연륜도 있다고 하지만 주님을 얼마나 알고 있는가? 우리는 진정 참된 신앙고백을 할 수 있다고 자신할 수 있는가? 예수님을 아무리 따랐어도 참된 신앙고백이 없으면, 그것은 참된 신앙이 아니었다는 것이다. 그저 무리들의 열심만 있었던 것이다.

예수님은 제자들에게 다시 "너희는 나를 누구라 하느냐?"라고 물으셨다. 이에 드디어 주님이 원하셨던 참된 신앙고백이 베드로의 입술을 통해 흘러나왔다. "주는 그리스도시니이다." 신앙고백이라는 것은 다른 사람의 고백이 아니라 나의 고백이어야 한다.

우리는 어떤 신앙고백을 가지고 있는가? 아직도 베드로의 신앙고백을 마치 나의 신앙고백이라 생각하여 줄줄 외우는 것에만 그치고 있지는 않은가? 물론 베드로의 신앙고백은 참으로 완벽하고 대단하다. 예수님이 누구신지 정확하게 알고 있었기 때문이다.

> "시몬 베드로가 대답하여 이르되 주는 그리스도시요 살아 계신 하나님의 아들이시니이다" 〈마태복음 16:16〉

주님은 베드로의 고백을 들으시고는, 그를 축복하셨다. 그리고 베드로의 신앙고백 위에 주님의 교회를 세우시겠다고 말씀하셨다. 이처럼 신앙고백은 중요하다. 참된 신앙고백 속에는 축복이 있다. 하나님께 축복을 바라는가? 정말로 하나님의 복을 원한다면, 베드로와 같이 참된 신앙고백을 할 수 있는 우리가 되길 바란다. "주는 그리스도시요 살아 계신 하나님의 아들이시니이다"라고 말이다. 우리에게 참된 신앙고백이 흘러나온다면, 우리의 신앙이 열리고 인생이 열리게 될 것이다. 참된 신앙고백 위에 참된 신앙이 세워지기 때문이다.

> "17예수께서 대답하여 이르시되 바요나 시몬아 네가 복이 있도다 이를 네게 알게 한 이는 혈육이 아니요 하늘에 계신 내 아버지시니라 18또 내가 네게 이르노니 너는 베드로라 내가 이 반석 위에 내 교회를 세우리니 음부의 권세가 이기지 못하리라"_〈마태복음 16:17~18〉

주님은 그리스도요, 구원자이시다. 죄가 없으신 하나님의 아들 예수 그리스도께서 인간의 몸을 입고 이 땅에 오셨다. 나의 죄를 감당하기 위하여 골고다 언덕에서 십자가에 못 박혀 보배로운 피를 흘림으로써 나의 죗값을 감당하신 것이다. 우리는 그 주님을 믿으며 붙잡는 것이다. 정말로 주님은 그리스도시라고, 천하 인간을 구원할 만한 다른 이름을 내게 주신 적이 없다고 고백하는 것이 신앙고백이다. 예수님만이 유일한 길이요, 진리요, 생명인 줄 믿고 고백하는 것이 참된 신앙인의 모습이다.

"³⁰이에 자기의 일을 아무에게도 말하지 말라 경고하시고 ³¹인자가 많은 고난을 받고 장로들과 대제사장들과 서기관들에게 버린 바 되어 죽임을 당하고 사흘 만에 살아나야 할 것을 비로소 그들에게 가르치시되"_〈마가복음 8:30~31〉

그런데 예수님께서는 베드로의 참된 신앙고백을 들으시고 나서야 비로소 십자가에서 죽으실 것과 부활하실 것을 말씀하셨다. 참된 신앙고백 위에 십자가의 길을 이야기하신 것이다. 뿐만 아니라 십자가와 부활의 말씀을 아무에게도 말하지 말라고 경고하셨다. 예수님께서는 왜 기쁜 소식, 복음을 감추셨을까? 예수님께서는 당시 유대인들이 기다리던 메시아의 모습이 아니었다. 유대인들은 이스라엘을 해방시킬 정치적인 메시아를 기다렸기 때문이다. 반면, 베드로는 예수님의 말씀을 듣고 갈등이 생겼다.

"³²드러내 놓고 이 말씀을 하시니 베드로가 예수를 붙들고 항변하매 ³³예수께서 돌이키사 제자들을 보시며 베드로를 꾸짖어 이르시되 사탄아 내 뒤로 물러가라 네가 하나님의 일을 생각하지 아니하고 도리어 사람의 일을 생각하는도다 하시고"
_〈마가복음 8:32~33〉

베드로는 주님의 말씀에 절대 그럴 수 없다고 항변했다. 예수님은 왕이신데, 그리스도가 되시는데 왜 십자가의 길을 가냐며 항변한 것이다. 이에 예수님께서는 베드로를 꾸짖으며, "사탄아 물러가라"고 하셨다. 아무리 사랑하는 제자라도 예수님의 십자가를 막는 것은 책망받아 마땅하다는 것이다. 뿐만 아니라 베드로의 그 말에는 사탄의 유혹이 있었다. 십자가의 길을, 고난의 길을 걸어가지 말라고 사탄이 틈을 타 예수님을 꾀었던 것이다. 이에 예수님께서는 사탄을 꾸짖으셨던 것이다.

> "무리와 제자들을 불러 이르시되 누구든지 나를 따라오려거든 자기를 부인하고 자기 십자가를 지고 나를 따를 것이니라"
> _〈마가복음 8:34〉

하나님의 일을 생각하지 않고 오히려 사람의 일을 생각하는 것은, 사탄의 속임수이다. 예수님보다 앞선 모든 것은 사탄임을 우리는 바로 알아야 한다. 우리의 삶도 마찬가지이다. 예수님께서는 우리에게 "나를 따라오려거든 자기를 부인하고 십자가를 지고 따르라"고 말씀하셨다. 참된 신앙고백을 한 참된 그리스도인은 십자가의 길을 걷는 사람이다. 고통과 고난이 따르는 십자가의 길이기에, 사탄의 감언이설이 그 어느 때보다 달콤하게 느껴진다. 하지만 우리는 영적인 분별력을 가지고 사탄의 속임수를 찾아내야 한다.

참된 제자란 무엇이라 생각하는가? 예수님께서는 베드로에게 "나를 따라오려거든 자기를 부인하고 십자가를 지라"고 말씀하셨다. 베드로는 자기를 부인하지 못했다. 자신의 경험과 판단으로 예수님보다 앞선 것이었다. 우리도 이런 실수를 할 때가 너무나 많다. 베드로와 같은 연약함이 있다. 또한 우리에겐 누구나 자신의 십자가가 있다. 그 십자가를 모르쇠 하는 것이 아니라 지고 따르라고 예수님은 말씀하셨다. 신앙이라는 것은 내가 원하는 대로, 편하게 할 수 있는 것이 아니다. 져야 할 십자가가 반드시 있기 마련이다.

주님도 십자가를 지시기 전, 성부 하나님께 기도하셨다. 예수님께도 십자가를 지시고 싶지 않은 세상의 유혹이 찾아왔지만, 결국 "아버지의 원대로 하옵소서"라고 마무리하셨다. 누구나 소원이 있고, 그것을 위해 기도한다. 하지만 결국에는 하나님의 뜻에 따라 맞춰가는 것, 이것이 진정 자기를 부인하고 십자가를 지고 예수님을 따르는 길이다. 참된 신앙고백이 우리 가운데 있기를 바란다. 그리고 그 고백에 따라 자기를 부인하고 십자가의 길을 가는 우리가 되길 소망한다.

거듭남

참된 그리스도인이라면, 참된 신앙고백과 함께 거듭남의 축복이 따르게 된다. 누구나 한 번쯤은 '거듭남'에 대하여 들어봤을 것이다. 그렇다면 '거듭남'이라는 것은 무엇을 말하는가? '거듭난다'는 것은 '다시 난다'는 뜻이다. 즉 '다시 태어난다'는 의미이다. 참된 그리스도인은 하늘로부터 다시 태어나야 한다. 우리는 육으로 났지만, 또 영으로 나야 한다. 세상 나라 가운데 태어났지만, 하나님 나라 가운데 우리가 다시금 나야 한다는 것이다. 이 거듭남의 은혜가 우리에게 임하길 바란다.

거듭남이 중요한 이유는 바로 신앙에서의 출발과 같기 때문이다. 신앙생활에서 가장 기본적인 것이다. 그러나 실상은 그 이상으로 굉장히 더 중요하다. 왜냐하면 거듭남이 없으면 구원이 없고, 거듭남이 없으면 천국을 소유할 수 없기 때문이다. 거듭남이 없으면 하나님의 자녀가 될 수 없다. 거듭남이라는 것은 영원한 나의 운명을 책임지기 때문에, 모든 그리스도인은 반드시 점검해야 한다. 성경에는 거듭남에 관해서 니고데모라는 사람이 등장하고 있다.

"그런데 바리새인 중에 니고데모라 하는 사람이 있으니 유대인의 지도자라"_〈요한복음 3:1〉

니고데모는 당시 구별된 삶을 살았던 바리새인으로, 율법을 잘 아는 사람이었다. 당시 바리새인들은 자신들이 세상과 다르다고 생각했다. 때문에 자신들만이 하나님 나라에 들어갈 수 있는 특권을 가진 사람들이라 생각했다. 하나님의 영광을 위해 산다고 자부하는 사람들이었고, 정말로 구별된 삶을 살았다. 뿐만 아니라 안식일을 거룩하게 지키기 위해 노력했고, 십일조도 했다. 일주일에 두 번씩, 월요일과 목요일에는 금식도 했으며, 다른 사람들이 보는 앞에서 정말 경건한 모습으로 기도를 드렸다.

니고데모는 바리새인으로서 사회적인 지위를 누렸고, 최고의 지성인이었으며, 먹고사는 것에 걱정이 없는, 말 그대로 성공한 사람이었다. 다른 사람이 모두 부러워하는 사람이었다. 그런데 그에게는 문제가 있었다. 자기가 가지고 있는 환경과 조건이 아닌, 바로 영혼이 문제였다. 영혼이 갈급했던 그는 주님을 찾아갔다. 세상 사람들이 봤을 때에는 마치 거듭난 것 같은 성공한 인생처럼 보이는데, 주님은 니고데모를 보시고 충격적인 말씀을 하셨다.

> "예수께서 대답하여 이르시되 진실로 진실로 네게 이르노니 사람이 거듭나지 아니하면 하나님의 나라를 볼 수 없느니라"
> _〈요한복음 3:3〉

니고데모는 하나님 나라를 위해 산 사람이다. 하나님의 영광을 위해 산 사람이다. 그런 니고데모에게 예수님께서는 "그래, 네가 열심을 다하고 있구나. 조금만 더 열심을 내거라. 하나님 나라가 가까이 왔단다"라고 말씀하신 것이 아니다. 다시 시작해야 한다고 말씀하셨다. 다시 태어나야 하나님 나라를 볼 수 있다고 하신 것이다. 얼마나 충격적인 말씀인가! 우리는 여기서 우리의 지식이나 우리가 가진 세상적인 모든 것이 거듭남을 보장해 주지 않음을 알 수 있다.

주일 성수하고 십일조를 열심히 했으며, 그 누구보다 교회 생활을 열심히 했다고 하여 하나님 나라에 들어갈 수 있는 것이 아니다. 그 어떤 열심도 거듭남을 완벽하게 보장해 주지 못한다는 것은, 니고데모뿐 아니라 우리도 적잖게 당황시킨다. 애매모호하게 신앙생활을 하고 있다면, 지금 바로잡아야 한다. 그리스도인으로 떳떳하지 못한 생활이 있다면, 그것도 청산해야 한다. 바울은 주님을 믿는 지식으로 말미암아 이 세상의 모든 것을 배설물로 여겼다. 우리도 이와 같아야 진정 거듭난 그리스도인이라 말할 수 있지 않겠는가.

> "7그러나 무엇이든지 내게 유익하던 것을 내가 그리스도를 위하여 다 해로 여길뿐더러 8또한 모든 것을 해로 여김은 내 주 그리스도 예수를 아는 지식이 가장 고상하기 때문이라 내가 그를 위하여 모든 것을 잃어버리고 배설물로 여김은 그리스도를 얻고 9그 안에서 발견되려 함이니 내가 가진 의는 율법에서 난 것이 아니요 오직 그리스도를 믿음으로 말미암은 것이니 곧 믿음으로 하나님께로부터 난 의라"〈빌립보서 3:7~9〉

우리는 어떻게 거듭날 수 있는가? 예수 그리스도를 믿어야 한다. 믿음의 결단이 먼저 필요하다. 예수님께서 나의 죄를 위하여 십자가에서 죽으시고, 삼 일 만에 다시 살아나심을 믿으면 하나님의 은혜로 구원을 받는 것이다. 이것은 성령님의 은혜로 가능하다. 우리 가운데 성령의 바람이 불어와 거듭나지 못했던 니고데모와 같은 인생이었을지라도 거듭남으로 하나님의 은혜와 축복을 누릴 수 있는 우리가 되길 소망한다. 뿐만 아니라 이 땅과 이 민족 가운데 성령의 바람이 불어 메마른 심령이 다시금 거듭나길 기도한다.

"예수께서 대답하시되 진실로 진실로 네게 이르노니 사람이 물과 성령으로 나지 아니하면 하나님의 나라에 들어갈 수 없느니라"_〈요한복음 3:5〉

추가적으로 성령에 대한 이야기를 하면, 〈사도행전〉 2장을 보자.

"¹오순절 날이 이미 이르매 그들이 다같이 한 곳에 모였더니 ²홀연히 하늘로부터 급하고 강한 바람 같은 소리가 있어 그들이 앉은 온 집에 가득하며 ³마치 불의 혀처럼 갈라지는 것들이 그들에게 보여 각 사람 위에 하나씩 임하여 있더니 ⁴그들이 다 성령의 충만함을 받고 성령이 말하게 하심을 따라 다른 언어들로 말하기를 시작하니라"_〈사도행전 2:1~4〉

부활하신 예수님께서 승천하시면서 약속하신 성령님은 오순절 날 처음으로 우리 가운데 오셨다. 다락방에서 간절히 기도하던 제자들에게 성령께서 바람같이 역사하신 것이다. 성령의 강림으로 인해 그리스도인의 삶 가운데 놀라운 사건이 일어났다. 교회가 탄생된 것이다. 이후 성령님은 우리와 늘 함께하시면서 우리의 모든 것을 감찰하시고 도우시며 은혜를 깨닫게 하신다. 예수님의 십자가와 부활을 믿을 수 있는 것도 성령님의 은혜요, 믿음으로 거듭난 그리스도인으로 살아가는 것도 성령님의 은혜이다.

"내가 또 내 영을 너희 속에 두어 너희가 살아나게 하고"_〈에스겔서 37:14〉

살아나는 역사가 부흥이다! 이 말씀처럼 거듭나지 않았던 인생이 성령의 바람으로 거듭나 우리 개인이 모두 진정한 부흥의 출발점이 될 수 있길 바란다. 나와 가정과 이웃에게 모두 성령의 바람이 불어와 거듭나고 하나님 나라를 함께 볼 수 있는 영혼들이 되길 소망한다. 주님께서 니고데모에게 하셨던 "네가 거듭나야 하리라"는 말씀이 우리의 영혼 가운데 메아리치고, 이 땅과 이 민족 가운데 메아리쳐서 참된 거듭남의 신앙으로 하나님 나라를 소유하는, 열방을 치유하는 부흥의 통로의 삶으로 쓰임받기를 간절히 기도한다.

- 당신의 참된 신앙고백을 해 보자.

- 당신은 거듭난 자인가? 니고데모를 통해 배운 말씀을 나에게 적용하여 돌아보자.

3 죄 사함의 은혜

winning
gospel

하나님의 말씀은 능력이 있다. 우리가 함께 말씀을 나누는 시간에도 하나님은 살아 역사하신다. 하나님은 우리가 행복한 인생을 살기를 원하신다. 기쁘고 즐거운 인생을 살기를 원하신다. 그런데 문제는 우리가 행복하고 즐거운 인생을 살려고 할 때마다 방해하는 세력이 있다는 것이다. 그것은 바로 사탄이다. 죄가 침투한다는 것이다. 지피지기백전불태(知彼知己百戰不殆)라는 말이 있다. '그를 알고 나를 알면 백 번 싸워도 위태롭지 않다는 뜻이다. 신앙도 마찬가지이다. 죄를 바로 알고 사탄을 바로 인식하여 늘 승리하는 인생이 되길 바란다.

3 죄 사함의 은혜

죄의 침투

〈창세기〉 3장을 보면, 뱀이 여자를 꾀고 있는 장면이 나온다. 이처럼 우리는 성경에서 뱀이 종종 나오는 것을 볼 수 있는데, 뱀이 어떤 동물 자체라기보다는 사탄이 뱀을 이용해서 나오는 것이다. 그러니까 뱀, 즉 사탄이 여인을 꾀고 있는 것이라 할 수 있다.

> "그런데 뱀은 여호와 하나님이 지으신 들짐승 중에 가장 간교하니라 뱀이 여자에게 물어 이르되 하나님이 참으로 너희에게 동산 모든 나무의 열매를 먹지 말라 하시더냐"_〈창세기 3:1〉

사탄은 무식하거나 야만적으로 다가오지 않는다. 누구나 사탄인 줄 다 알아차리게 다가오지 않는다는 것이다. 사탄은 굉장히 교묘하게 살며시 다가온다. 사탄은 여자에게 "하나님이 참으로 너희에게 동산 모든 나무의 열매를 먹지 말라고 하시더냐?"라고 넌지시 묻는다.

사탄은 늘 "하나님을 대적하라, 멀리하라, 부인하라, 말씀을 붙들지 말라"고 하면서 다가오지 않는다. 우리도 모르는 사이에 살며시 조심스럽게 다가온다. 죄는 그렇게 교묘하게 침투한다. 사탄은 작은 것을 과장하여 크게 만든다.

하나님은 사람을 창조하신 후, 모든 자유를 누리라고 말씀하셨다. 단, 동산 중앙에 있는 나무만 제한하셨을 뿐이다. 왜냐하면 창조주 하나님을 향한 피조물인 인간의 순종을 보시기 위함이었다. 질서를 세우시기 위하여 선악을 알게 하는 열매만 먹지 말라고 하신 것이다. 그러나 사탄은 부족한 모습 하나를 꼬투리 잡아 확대하여 하나님 앞에 서운한 마음이 들게 했다. 감사보다는 불평과 원망이 쌓이게 만드는 것이다. 그리하여 하나님과 나 사이를 멀어지게 하는 것, 이것이 바로 사탄의 단 한 가지 목적인 것이다.

사탄은 우리에게 조용히 찾아와 달콤한 말로 유혹한다. 하나님과 멀어지게 하고, 단절시키기 위해서 말이다. 하나님과의 단절은 '사망'을 의미한다. 여기서 우리는 육체적 죽음과 영적인 죽음에 대하여 짚고 넘어갈 필요가 있다. 육체의 죽음이라는 것은, 숨이 끊어지는 것을 말한다. 이때 영혼과 육체가 분리된다. 영적인 죽음이란 하나님과 나 사이가 단절되는 것을 말하며, 영원한 사망은 영원토록 하나님과 천국에서 멀어지는 것을 뜻한다. 저주와 심판과 지옥 가운데 있는 것, 그것이 바로 영적 사망의 상태인 것이다.

사탄은 여자에게 "모든 나무의 열매를 먹지 말라 하시더냐?"라고 물으며, 하나님의 은혜를 잊게 하였다. 하나님께 서운한 감정, 불평의 마음을 갖게 속삭인 것이다. 하지만 우리는 어떤 순간이라도 하나님의 은혜를 잊으면 안 된다. 우리를 창조하시고, 긴강과 불질과 힘을 주셨으며, 무엇보다 우리에게 예배의 특권을 주셔서 주님을 믿고 섬길 수 있게 하시는 하나님의 은혜를 반드시 기억해야 한다. 하나님이 주신 은혜를 기억하지 못하면 동시에 하나님께서 채워 주시지 않는 조그만 것에 불만과 불평을 갖기 때문이다.

여자는 사탄의 유혹에 살짝 갸우뚱한다. 넘어간 것이다. 여자는 사탄에게 "동산 중앙에 있는 나무의 열매는 하나님의 말씀에 너희는 먹지도 말고 만지지도 말라 너희가 죽을까 하노라"고 말씀하셨다고 전한다. 하지만 말도 안 되는 소리이다. 하나님은 "만지지도 말라"고 말씀하신 적이 없다. 또한 "반드시 죽으리라"고 하셨지, "죽을까 하노라"고 하신 적이 없다. 〈창세기〉 2장 16~17절에 나와 있는 하나님의 말씀과 〈창세기〉 3장 2~3절에 나와 있는 여자의 말을 서로 비교하여 살펴보자.

"¹⁶여호와 하나님이 그 사람에게 명하여 이르시되 동산 각종 나무의 열매는 네가 임의로 먹되 ¹⁷선악을 알게 하는 나무의 열매는 먹지 말라 네가 먹는 날에는 반드시 죽으리라 하시니라"_〈창세기 2:16~17〉

"²여자가 뱀에게 말하되 동산 나무의 열매를 우리가 먹을 수 있으나 ³동산 중앙에 있는 나무의 열매는 하나님의 말씀에 너희는 먹지도 말고 만지지도 말라 너희가 죽을까 하노라 하셨느니라"_〈창세기 3:2~3〉

여기서 여자는 두 가지 큰 잘못을 저지르고 있다. 하나님의 말씀을 있는 그대로 완전히 붙잡지 못한 것이다. 사탄이 틈탈 수 있는 공간을 제공한 것이다. 또한 여자는 하나님의 말씀에 자신의 상상력을 더하여 희석하고 있다. 하나님의 말씀을 자기 임의대로 해석하고 있는 것이다. 사탄은 우리가 하나님과의 관계에 있어서 바늘구멍이라도 틈을 보이면 놓치지 않고 반드시 침투한다. 사탄은 매순간 그 틈을 노리고 있는 것이다. 그리고 기다렸다는 듯이 자신의 속내를 드러낸다.

"⁴뱀이 여자에게 이르되 너희가 결코 죽지 아니하리라 ⁵너희가 그것을 먹는 날에는 너희 눈이 밝아져 하나님과 같이 되어

선악을 알 줄 하나님이 아심이니라"_〈창세기 3:4~5〉

사탄은 하나님의 말씀과 완전히 반대되는 이야기를 하고 있다. 마치 하나님의 숨겨진 의도가 따로 있는 것처럼, 죽지 않을 뿐만 아니라 먹는 날에는 눈이 밝아져서 하나님과 같이 될 것이라고 말이다. 사탄은 항상 이렇게 우리를 유혹한다. 하나님과 우리 사이를 이간질한다. "하나님이 너를 사랑할지 모르지만, 제한적으로 사랑하시는 거야. 네가 눈이 밝아져서 하나님처럼 되는 걸 원치 않으시기에 먹지 말라고 한 거야. 너를 향한 계획이 있으시지만, 네가 알지 못하는 뭔가가 있는 거야!"라고 끊임없이 불신을 심어 준다.

여자는 결국 어찌 되었는가? 사탄의 감언이설에 넘어가 결국에는 하나님의 말씀을 어기고 말았다. 하나님의 영광이 떠나가 버린 것이다. 눈이 밝아진 것같이 보이나 영적인 눈이 어두워졌다. 자신의 수치가 드러나게 되었다. 짐승 같은 인생으로 떨어지게 된 것이다. 사탄은 우리가 죄를 범할 때, 마치 자신이 다 책임질 것처럼 이야기한다. 그러나 사탄은 책임지지 못한다. 아니, 책임을 질 위치가 되지 못한다. 사탄의 유혹에 넘어간 우리는 결국 타락하게 되고, 에덴에서 쫓겨나며, 사망의 길에 서게 되는 것이다.

일단 죄를 범하고 나면, 이것이 하나님께서 주시는 축복인지 또는 저주인지를 분별할 수 없다. 죄를 지으면 그것으로 끝나는 것이다. 때문에 하나님의 사람은, 믿음의 사람은 죄를 짓고서 분별하는 것이 아니라 죄를 짓기 전에 그 죄를 멀리해야 한다. 하나님의 말씀에 온전히 순종하는 것만이, 신실한 말씀에 믿음으로 나아가는 것만이 죄의 침투를 막는 유일한 방법임을 우리는 반드시 깨달아야 한다. 이것이 참된 믿음이다. 하나님의 말씀을 붙들고 죄를 이길 수 있는 은혜가 우리 가운데 넘치기를 바란다.

우리는 요셉을 잘 안다. 그가 애굽에 팔려가 보디발의 집에서 일할 때, 보디발의 아내는 아름다운 용모로 요셉을 유혹하였다. 그러나 요셉은 단호히 거절하며 "내가 어찌 이 큰 악을 행하여 하나님께 죄를 지으리이까"라고 말하며 그 자리를 떠났다. 죄의 침투를 아예 차단하여 막은 것이다. 그러나 다윗은 어떠했는가? 우리아의 아내 밧세바를 은밀할 때 범하게 된다. 그는 아무도 모를 것이라 생각했지만, 하나님은 다 아셨다. 뿐만 아니라 우리아를 전장에서 죽게 하는 죄까지 범하게 된다. 죄는 죄를 낳게 되는 것이다.

"[14]오직 각 사람이 시험을 받는 것은 자기 욕심에 끌려 미혹됨이니 [15]욕심이 잉태한즉 죄를 낳고 죄가 장성한즉 사망을 낳느니라"_〈야고보서 1:14~15〉

사탄은 인간의 몸을 입고 이 땅에 오신 예수님께도 살며시 다가가 유혹의 손길을 내밀었다. 예수님께서 광야에서 40일 금식기도를 하실 때이다. 육신이 가장 연약할 때, 힘들고 지쳐 쓰러질 것 같을 때 사탄은 다가온다. 그러나 주님이 누구신가? 모든 주권은 누구에게 있는가? 바로 예수 그리스도께 있다. 예수님께서는 하나님의 말씀으로 사탄의 모든 시험과 유혹을 물리치셨다. 그리고 우리를 위해 이 땅에 오신 목적, 십자가의 사명을 다하셨던 것이다. 죽음을 이기고 부활하셔서 우리에게 죄 사함과 구원을 주셨다.

우리는 늘 죄 가운데 고통받는 인생이다. 너무나 연약하여 자주 쓰러진다. 고통과 아픔 가운데 있다. 그러나 이런 우리에게 복된 소식이 있다. 바로 복음이다. 즉 하나님께서 우리에게 찾아오신 것이다. 하나님은 우리를 멸망시키거나 책망하기 위해 찾아오신 것이 아니다. 죄를 범했으면 이미 멸망한 것인데, 굳이 하나님께서 찾아오실 이유가 있겠는가? 하나님께서 죄 가운데 있는 우리에게 찾아오신 이유는 단 한 가지, 해결책을 가지고 오신 것이다. 우리를 사랑하시기에, 그 죄를 깨닫게 하고 이겨 낼 힘을 공급하기 위해 오신 것이다.

죄 사함의 은혜

우리의 죄가 아무리 깊고 주홍같이 붉을지라도, 예수 그리스도의 은혜로 말미암아 죄 사함의 은혜가 있다. 〈요한복음〉 8장을 보면, 예수님께서는 감람산에 가셨다가 다시 성전으로 들어오셨다. 많은 백성이 나아와 예수님께서 가르치시는 하나님의 말씀에 귀를 기울이고 있을 때였다. 서기관들과 바리새인들이 음행 중에 잡힌 여자를 끌고 와서 가운데에 세우고 예수님께 물었다.

> "⁴예수께 말하되 선생이여 이 여자가 간음하다가 현장에서 잡혔나이다 ⁵모세는 율법에 이러한 여자를 돌로 치라 명하였거니와 선생은 어떻게 말하겠나이까"_〈요한복음 8:4~5〉

성경에도 나와 있듯이, 서기관들과 바리새인들이 음행 중에 잡힌 여자를 끌고 와서 예수님에게 이러한 질문을 한 이유가 있다. 바로 예수님을 잡아넣기 위해 고발할 조건을 찾고자 함이었다. 참으로 무서운 계략이요, 시험이었다. 얼핏 보면 예수님께 조언을 구하는 것 같지만, 실상은 예수님을 함정에 빠뜨리고자 덫을 놓고 있는 것이었다. 우리가 생각할 때 모세의 율법대로 하면 가장 쉬울 것 같지만, 전 인류를 구원하기 위해 오신 예수님의 눈앞에서 한 영혼이 돌에 맞아 죽는 것을 보게 되는 것은 있을 수 없는 일이다.

이에 주님은 몸을 굽히사 손가락으로 땅에 뭔가를 쓰셨다. 그리고 일어나 "너희 중에 죄 없는 자가 먼저 돌로 치라"고 말씀하셨다. 사람들은 모두 양심에 가책을 느꼈을 것이다. 성경은 어른으로 시작하여 젊은이까지 하나씩 나가고 오직 예수님과 여자만 남았다고 기록한다. 여기서 우리는 중요한 것 한 가지를 생각할 수 있다. 예수님께서 손가락으로 땅에 뭔가를 쓰실 때, 침묵하셨다는 것이다. 예수님께서 침묵하시는 사이 우리는 죄를 돌이킬 수 있어야 한다. 죄를 회개하는 은혜가 우리 가운데 있기를 바란다.

"너희 중에 죄 없는 자가 먼저 돌로 치라"는 주님의 말씀 한 마디에 사람들은 아무도 대꾸하지 못했다. 주님의 영적 권위와 함께 진리의 말씀이 선포되었던 것이다. 그 말씀에 양심의 가책을 느끼고 그 자리를 하나씩 떠나갔던 것이다. 아무리 시대가 어두워도 하나님의 말씀은 그 자체로 영적인 권위가 있다. 음행 중에 잡힌 여자를 데려온 자들이 누구인가? 바로 서기관들과 바리새인들이었다. 외식하는 자들의 대명사요, 양심에 화인 맞아 신앙의 양심이 죽었다고 하는 자들이다. 그런데 그들조차도 주님의 영적 권위 앞에서 물러갔던 것이다.

혹시 우리 가운데 주님의 심판대 앞에서 감히 "나는 죄가 없다"고 말할 수 있는 자가 있는가? 아무도 없을 것이다. 우리는 모두 죄인이다. 부디, 양심이 깨어나 죄인임을 인정하고 하나님의 말씀 앞에 엎드려 회개할 수 있길 소망한다. 그리하여 복음의 능력이 우리 가운데 살아나 주님의 영광이 드러나길 바란다. 이뿐만이 아니다. 한국 교회 가운데 양심의 각성이 일어나야 할 때이다. 하나님의 말씀 앞에 온전히 비추어 작은 것 하나까지라도 회개할 수 있어야 한다. 회개의 불길이 일어나야 비로소 부흥의 불길이 타오르게 되기 때문이다.

사실 주님이 침묵하실 때 그들은 자리를 떠나가면 안 된다. 죄를 각성하는 것만으로는 해결할 수 없기 때문이다. 그들은 떠나가기보다는, 그곳에 남아서 죄를 회개하여 해결했어야 했다. 예수님 앞에 엎드려 무릎 꿇고 "내가 죄인입니다. 나를 용서하소서"라고 했어야 했다. 아무리 작은 죄를 지었더라도 그 죄는 우리를 지옥으로 끌어내리기에 충분하다. 때문에 하나님의 거룩함 앞에서 죄의 해결이 반드시 필요한 것이다. 죄에는 심판이 따른다. 그들은 양심의 가책은 느꼈을지 모르나 해결을 받지는 못한 것이다.

"¹⁰예수께서 일어나사 여자 외에 아무도 없는 것을 보시고 이르시되 여자여 너를 고발하던 그들이 어디 있느냐 너를 정죄한 자가 없느냐 ¹¹대답하되 주여 없나이다 예수께서 이르시되 나도 너를 정죄하지 아니하노니 가서 다시는 죄를 범하지 말라 하시니라"_〈요한복음 8:10~11〉

주님은 오늘 우리에게도 "나는 너를 정죄하지 않는다"고 말씀하신다. 이것이 주님의 사랑이요, 품어 주시는 은혜이며, 위로와 격려이다. 사실 음행 중에 잡혀온 이 여자는 예수님과 사람들 앞에서 얼마나 수치스럽고 고통스러웠겠는가? 물론 간음한 것은 엄청난 범죄이다. 돌에 맞아 죽어야 했다. 그 분위기에서 여자는 잠시나마 죽음의 공포를 느꼈을 것이다. 주님은 그 공포의 문제, 아픔과 절망의 문제 가운데서도 생명과 위로와 평안을 안겨 주셨다. 혹시 말 못하는 어려움 가운데 있는가? 주님과 대면하는 은혜가 있길 바란다.

또 하나 우리가 간과하지 않으면 안 되는 것이 있다. 주님은 여자에게 정죄하지 않으신다고 했다. 그런데 중요한 것은, 예수님께서 정죄하지 않으신다고 하여 죄가 없다고 이야기하신 것은 아니라는 것이다. 죄를 과소평가하거나 축소한 것이 아니다. 죄는 죄이다. 죄에는 대가가 있어야 한다. 심판이 따를 것이다. 심판과 대가가 없다면, 그것을 죄라 부를 수 없다. 그러나 주님은 어떻게 정죄하지 않는다고 말씀하실 수 있었는가? 그 여자는 깨닫지 못했을지 모르나, 예수님께서는 네가 당할 그 돌팔매질을 내가 당할 것이라고 말씀하시는 것이다.

대략 반 년 후, 예수님께서는 골고다 언덕에서 십자가에 못 박혀 죽으셨다. 아마도 이 여자는 그제야 깨닫지 않았을까? 십자가에 달리신 주님을 보면서 가슴을 찢고 부르짖으며 통곡했을 것이다. '내가 달려야 할 십자가에 우리 주님이 달리셨구나' 하고 말이다. 주님이 우리에게 정죄하지 않겠다고 말씀하신 건, 바로 우리의 죄를 모두 대속하셨기 때문이다. 죄 사함의 은혜이다! 그럼에도 불구하고 우리는 예수님의 십자가를 묵상할 때 다시 죄를 저지를 수 있겠는가? 주님의 십자가를 생각하면, 참된 믿음의 소유자라면 결코 그리하지 못할 것이다.

"33누가 능히 하나님께서 택하신 자들을 고발하리요 의롭다 하신 이는 하나님이시니 34누가 정죄하리요 죽으실 뿐 아니

라 다시 살아나신 이는 그리스도 예수시니 그는 하나님 우편
에 계신 자요 우리를 위하여 간구하시는 자시니라"_〈로마서
8:33~34〉

예수님께서 정죄하지 않으시고 죄 사함의 은혜를 주셨음에도, 사탄은 계속하여 우리를 정죄하고 고발한다. "네가 죄를 짓고도 그렇게 떳떳하게 고개를 들고 다녀?"라고 하면서 정죄하고 또 정죄한다. 양심의 가책과 죄책감에 사로잡혀 죄에서 해방되지 못하도록 한다. 예수님께로 돌이키는 것을 방해한다. 수치와 절망, 심지어 죽음으로까지도 몰고 간다. 죄와 사망의 골짜기로 계속해서 끌고 들어가는 것이다. 그러나 분명히 기억하자. 주님은 우리가 죄에서 돌이키길 원하시고, 회개할 때 죄 사함의 은혜를 제한 없이 부어 주신다.

"38내가 확신하노니 사망이나 생명이나 천사들이나 권세자들
이나 현재 일이나 장래 일이나 능력이나 39높음이나 깊음이나
다른 어떤 피조물이라도 우리를 우리 주 그리스도 예수 안에
있는 하나님의 사랑에서 끊을 수 없으리라"_〈로마서 8:38~39〉

때로는 죄에서 넘어질 수 있다. 그때 우리는 지체하지 말고 예수 그리스도의 십자가 은혜의 보좌 앞에 나아갈 수 있어야 한다. 주님은

우리를 정죄하지 않으시고, 회개하는 우리의 심령에 죄 사함의 은총을 주실 것이다. 뿐만 아니라 다시금 죄 가운데 빠지지 않도록 보살펴 주실 것이다. 나를 죄에서 대속하신 주님의 사랑과 놀라운 은혜에 감사하고 감격하는 우리가 되길 소망한다. 늘 말씀과 기도로 깨어 있어 죄가 우리 가운데 침투조차 못하도록 차단할 수 있길 바란다.

- 책에서 언급되었거나 내가 알고 있는 죄 사함과 관련된 성경 구절을 다시금 깊이 묵상해 보자.

- 당신의 인생 가운데 아직 해결 받지 못한 죄가 있는가? 작은 것 하나라도 깨달을 것이 있다면 주님께 해결을 받길 바란다. 죄 사함의 은혜를 체험하는 시간을 가져 보자.

4 예수를 따르는 삶

winning
gospel

우리는 주님을 믿는다고 한다. 주님을 따르는 제자라고 말한다. 그러나 그 기준은 어디에 있는가? 내 생각과 기대 속에 머물러 있는 믿음은 아닌지 돌아봐야 할 것이다. 진정 주님을 믿고, 주님을 따르는 제자라면 그 기준은 주님이어야 한다. 마음의 중심이 오직 예수 그리스도여야 한다. 내가 생각하는 길이 아니라 내가 생각하는 기대가 아니라 주님이 기뻐하시는 길을 가야 한다. 우리의 신앙생활을 객관적으로 점검하여, 최소한 종려나무 가지를 흔들었지만 이내 예수님을 십자가에 못 박으려고 돌변해버린 큰 무리와 같이 되지 말아야 할 것이다.

4 예수를 따르는 삶

진정 예수를 따르겠는가?

예수님은 어린 나귀를 타고 예루살렘에 입성하셨다. 나귀의 어미도 아닌 나귀 새끼를 타고 말이다. 당시 세계의 권력을 손에 쥐고 흔들었던 로마제국의 통치자들이 보았을 때 참으로 우스꽝스러운 모습이었을 것이다. 그러나 이것은 하나님께서 이미 구약시대에 스가랴를 통해 예언하신 것이다. 구약시대에 예비하신 그 왕, 메시아가 바로 예수 그리스도임을 보여 주신 것이다. 예수님은 군림의 왕으로 오신 분이 아니다. 겸손의 왕, 섬기는 종으로 오셨다. 뿐만 아니라 예수님은 환호를 받기 위해서가 아닌 십자가를 지시기 위해 입성하셨던 것이다.

"시온의 딸아 크게 기뻐할지어다 예루살렘의 딸아 즐거이 부를지어다 보라 네 왕이 네게 임하시나니 그는 공의로우시며 구원을 베푸시며 겸손하여서 나귀를 타시나니 나귀의 작은

것 곧 나귀 새끼니라"_〈스가랴서 9:9〉

예수님의 예루살렘 입성은 하나님의 사명을 감당하기 위해 십자가를 지시러 가신 것이었다. 우리의 죄를 대속하기 위해 십자가에서 죽기 위해 예루살렘에 입성하셨다. 이것이 예수님께서 가시는 길이요, 고통과 고난이 따르는 십자가의 길인 것이다.

그럼, 예수님을 따르고자 하는 우리는 어떤 삶을 살아야 하는가? 우리는 진정 예수님을 따르는 삶을 살 수 있겠는가?

"내가 진실로 진실로 너희에게 이르노니 한 알의 밀이 땅에 떨어져 죽지 아니하면 한 알 그대로 있고 죽으면 많은 열매를 맺느니라"_〈요한복음 12:24〉

예수님의 말씀은 모두 진리이다. 그럼에도 불구하고 얼마나 중요한지, 예수님께서는 '진실로'라는 단어를 두 번이나 반복하여 사용하셨다. 강조하신 것이다. 혹 이해가 되지 않더라도 진리이기에, 반드시 받아들이라는 무언의 명령이다. 그런데 그다음에 나오는 말씀이 이상하다. 한 알의 밀이 있는데, 그것이 땅에 떨어져 죽으면 열매를 맺고 죽지 않으면 그대로 있다고 말씀하셨다. 이것이 무슨 말씀인가? 예수님은 바로 자신에 대하여 말씀하시고 계신 것이다. 예수님께서 친히 한 알의 밀이 되어 땅에 떨어져 죽겠다고 말이다. 십자가에서 죽으신다는 것이다.

예수님은 이스라엘 백성들만을 위해 이 땅에 오신 메시아가 아니다. 더욱이 당시 이스라엘 백성들이 생각했던 정치 지도자는 더더욱 아니다. 예수님은 전 인류를 죄에서 구원하기 위해 오신 메시아이다. 주님의 말씀처럼, 한 알의 밀이 땅에 떨어져 죽어 많은 열매를 맺듯이 주님은 친히 죽음의 자리로 나아가셨다. 바로 우리를 구원하시기 위해서 말이다. 주님의 이런 헌신으로, 십자가의 길을 가셨기에 우리는 영원한 생명을 받았다. 그런데 주님은 우리도 주님의 길을 따라가기를 원하고 기다리신다.

> "25자기의 생명을 사랑하는 자는 잃어버릴 것이요 이 세상에서 자기의 생명을 미워하는 자는 영생하도록 보전하리라 26사람이 나를 섬기려면 나를 따르라 나 있는 곳에 나를 섬기는 자도 거기 있으리니 사람이 나를 섬기면 내 아버지께서 그를 귀히 여기시리라"_〈요한복음 12:25~26〉

얼핏 보면 참으로 쉬운 말이나, 그 내용을 곰곰이 따져 보면 어렵다는 것을 알 수 있다. 그러나 주님께서 먼저 그렇게 사셨고, 제자들에게도 이와 같이 할 것을 말씀하고 계시다. 그리스도인이라면 누구나 "주님을 따르는 제자가 되고 싶습니다"라는 고백을 해 보았을 것이다. 하지만 그때뿐, 무엇을 어떻게 따라야 할지도 모르고 정작 알더라도 이 말씀은 피하고 싶은 것이 연약한 우리의 마음인 것이다. 주님을 따르려면, 자기를 부인하고 자기 십자가를 지고 가야 한다. 한 알의 밀이 땅에 떨어져 죽어 열매를 맺듯이, 헌신과 희생이 따르는 것이 주님의 길이다.

> "또 무리에게 이르시되 아무든지 나를 따라오려거든 자기를 부인하고 날마다 제 십자가를 지고 나를 따를 것이니라"_〈누가복음 9:23〉

진정 예수를 따르고자 한다면, 우리의 비전도 십자가가 되어야 한다. 십자가 가운데 하나님의 영광이 있는 것이다. 이런 이야기가 있다. '고개를 숙이고 허리를 숙여 섬기다 보면 위를 쳐다볼 시간이 없다.' 정말로 예수님이 우리 삶의 기준이라면, 우리는 교만할 시간이 없다. 십자가를 지라는 주님의 말씀, 이것은 나의 기준이 아닌 주님의 기준으로 살라는 것이다.

당신은 어떻게 하겠는가? 예수를 따르는 삶을 여기서 포기할 것인가? 예수님께서 예루살렘에 입성하실 때에는 환호했지만, 나의 기준이 아님을 알고 이내 십자가에 못 박을 테인가?

주님을 따라가려면, 모든 것을 내려놓아야 한다. 헌신과 희생은 당연하다. 그런데 말처럼 쉽지 않은 것도 사실이다. 주님도 십자가를 지시기 전에 마음이 괴로우셨다. 〈요한복음〉 12장 27절에서 주님은 "지금 내 마음이 괴로우니 무슨 말을 하리요"라고 하셨다. 말 못할 정도로 괴롭다고 고백하신 것이다. 십자가를 지는 것은 자연히 되는 것이 아니다. 신앙생활을 하면 저절로 되는 것이 아니란 말이다. 물론 모든 것이 하나님의 은혜로 되는 것이나 자기를 철저하게 내려놓는 자기 결단이 필요하다. 순종과 복종이 모두 필요한 것이다.

예수님은 죽음의 십자가를 지시기 전, 땀방울이 핏방울이 되도록 아버지 하나님께 기도하셨다. "아버지여 나를 구원하여 이 때를 면하게 하여 주옵소서"라고 말이다. 그러나 주님은 이내 "그러나 내가 이를 위하여 이 때에 왔나이다" 하고 순종하셨다. 주님도 이 아픔과 고난의 십자가를 회피하고 싶으셨지만, 이것이 자신의 사명임을 알아 순종하셨던 것이다. 이것이 그리스도인의 삶이다. 십자가를 지고, 정말 원하지 않아도 주님께서 원하시는 그 길이라면 우리는 믿음을 가지고 순종의 발걸음을 내디뎌야 한다.

"아버지여, 아버지의 이름을 영광스럽게 하옵소서 하시니 이에 하늘에서 소리가 나서 이르되 내가 이미 영광스럽게 하였고 또다시 영광스럽게 하리라 하시니"_〈요한복음 12:28〉

이 하늘의 음성이 우리의 삶 가운데도 들려질 수 있길 바란다. 얼마나 좋은가! "내가 이미 영광스럽게 하였고 또다시 영광스럽게 하리라"는 하나님의 말씀이 말이다. 십자가를 통과해야 하나님의 영광이 있다. 한 알의 밀이 죽어야 열매가 있는 것이다. 나의 것을 포기할 때 영혼을 살릴 수 있다. 부부관계, 인간관계도 마찬가지이다. 내가 먼저 죽고, 내가 십자가를 질 때 가정과 교회와 직장이 모두 편안해지고 결국에는 영혼을 살리는 기적을 보게 될 것이다. 예수를 따르는 삶은 결국 십자가를 지는 삶인 것이다.

참된 제자의
길을 가라

예수님을 믿는다는 것은 놀라운 특권임과 동시에 놀라운 축복이다. 그러나 예수를 따르는 삶은 앞서 보았듯이 참으로 녹녹지 않은 삶으로 보여진다. 아니, 때로는 끔찍하게도 피하고 싶은 십자가의 길이다. 그러나 우리가 알면서도 예수를 따르고자 함은, 예수만이 우리가 죄 사함을 받고 구원을 받을 수 있는 유일한 길이기 때문이며 여기에는 놀라운 사랑이 담겨 있다.

예수님께서는 제자들과 유월절 마지막 만찬 이후, 유다가 밖에 나갔을 때에 제자들에게 마지막으로 당부하신 말씀이 있다. 그것은 바로 '사랑'이다. 주님은 십자가를 지시기 전, 마지막까지 '사랑'을 강조하고 싶으셨던 것이다.

"[34]새 계명을 너희에게 주노니 서로 사랑하라 내가 너희를 사랑한 것 같이 너희도 서로 사랑하라 [35]너희가 서로 사랑하면

이로써 모든 사람이 너희가 내 제자인 줄 알리라"_〈요한복음 13:34~35〉

하나님은 우리를 먼저 사랑하셔서 독생자 예수 그리스도를 보내 주셨다. 그리고 주님은 이 땅에 거하실 때, 수많은 사람에게 하나님의 사랑을 전하며 섬김의 모범을 보여 주셨다. 그런데 이제 주님은 십자가를 지시기 전, 그 사명을 제자들에게 물려주셨다.

우리는 서로 사랑해야 한다. 우리가 서로 사랑할 때, 주님을 따르는 참된 제자의 삶을 사는 것이다. 본래 사랑은 하나님께로부터 내려온 것이다. 때문에 사랑은 하나님께 속한 것이다. 다시 말해, 사랑은 우리의 신앙생활 내공 가운데 자연스럽게 흘러넘치는 것이다.

"7사랑하는 자들아 우리가 서로 사랑하자 사랑은 하나님께 속한 것이니 사랑하는 자마다 하나님으로부터 나서 하나님을 알고 8사랑하지 아니하는 자는 하나님을 알지 못하나니 이는 하나님은 사랑이심이라"_〈요한일서 4:7~8〉

하나님은 사랑이시다. 때문에 그 마음에 미움과 용서와 증오와 질투와 시기가 있다면, 하나님을 모르는 사람이다. 진정 거듭나지 못한 그리스도인인 것이다.

그런데 〈요한복음〉 13장 34~35절을 보면, 예수님께서 사랑하라고 말씀하시면서 이것을 "새 계명"이라고 하셨다. 하나님은 사랑이시라고 했는데, 왜 사랑하라가 새 계명이라고 하신 것일까?

그것은 제자들에게 '주목'하라고 하신 말씀이다. 너무나 중요한 말씀이기에 제자들이 집중하여 듣길 원하셨던 것이다. 또한 여기에는 '새롭다'의 의미가 있는데, 옛것과 다른 것을 의미한다. 옛 계명이 아니라 새로운 계명이라는 것이다.

다만, 이상한 것은 하나님께서 구약시대에도 사랑에 대해 말씀하셨다는 것이다.

"너는 마음을 다하고 뜻을 다하고 힘을 다하여 네 하나님 여호와를 사랑하라"_〈신명기 6:5〉

"원수를 갚지 말며 동포를 원망하지 말며 네 이웃 사랑하기를 네 자신과 같이 사랑하라 나는 여호와이니라"_〈레위기 19:18〉

분명히 주님은 이전에도 '사랑'에 대해 말씀하셨고, 명령하셨다.

그런데 〈요한복음〉 13장 34~35절에서 예수님은 옛 계명을 다시 말씀하시는 것이 아니라 새로운 계명이라고 강조하신 것이다.

다음의 말씀을 다시 비교하며 천천히 읽어 보자. 무엇이 새롭고, 무엇이 중요한 메시지인가? 우리는 이것을 알아야 예수를 따르는 삶, 참된 제자의 길을 갈 수 있다.

> "³⁴새 계명을 너희에게 주노니 서로 사랑하라 내가 너희를 사랑한 것 같이 너희도 서로 사랑하라 ³⁵너희가 서로 사랑하면 이로써 모든 사람이 너희가 내 제자인 줄 알리라"〈요한복음 13:34~35〉

주님은 사랑의 기준에 대하여 강조하고 싶으셨던 것이다. 내 마음대로, 내가 느끼는 대로 감각적으로 감동이 있을 때에만 사랑하는 것이 아니란 말이다.

사랑의 기준, 사랑의 본이 있는데, 세상 사람들이 생각하는 그런 사랑의 수준에 머물지 말라는 말씀이다. 그 기준을 낮추지 말고, 주님이 우리를 사랑한 것같이 우리도 서로 사랑하라는 것이다. 이것이 주님이 말씀하신 '새 계명'의 의미이다.

당시 이스라엘 백성들이 사랑한 것은 이스라엘 국경 안에 국한된 사랑이었다. 유대인들끼리만 사랑하고, 유대인이 아닌 이방인들은 모두 배척했다. 그러나 주님이 이 땅에 오셔서 직접 보여 주신 사랑은 어떠했는가?

유대인이나 헬라인이나 차별 없는 사랑이었다. 모든 사람과 문화와 국경을 넘어서는, 온 인류를 향한 주님의 사랑이었다. 우리의 사랑은 원수도 사랑하는 것이다. 일곱 번만 용서하는 것이 아니라 일흔 번씩 일곱 번, 즉 무한대의 용서인 것이다. 한계가 없는 사랑을 베풀라고 주님은 말씀하신 것이다.

> "36시몬 베드로가 이르되 주여 어디로 가시나이까 예수께서 대답하시되 내가 가는 곳에 네가 지금은 따라올 수 없으나 후에는 따라오리라 37베드로가 이르되 주여 내가 지금은 어찌하여 따라갈 수 없나이까 주를 위하여 내 목숨을 버리겠나이다"
> _〈요한복음 13:36~37〉

주님께서 '사랑'에 대해 강조하시고 또 떠나신다고 말씀하시니, 베드로는 주님께 어디로 가시는지 물었다. 아직 베드로는 주님이 가시는 십자가의 길을 깨닫지 못한 것이다. 주님이 가신 십자가의 길은 사랑의 길이었다. 인류를 위하여, 사랑을 전하기 위하여 십자가 길로 가신 것이다.

참된 제자가 되기 위해서는 주님의 시선이 어디에 있는지, 무엇 때문에 눈물을 흘리시는지, 주님의 열정이 어디를 향하여 가고 있는지를 잘 알고 깨달아 따라가야 한다. 이것이 진정 예수를 따르는 삶인 것이다.

우리 앞에는 사랑의 길과 미움의 길이 있다. 주님은 사랑의 길을 택하셨다. 조건이 없는 사랑, 한계가 없는 사랑 말이다. 우리도 참된 십자가의 길인, 사랑의 길을 택할 수 있길 소망한다. 나의 영광을 위한 길이 아닌 하나님 앞에 영광을 올려드리는 그런 길을 주저하지 않고 택할 수 있는 믿음의 삶이 되길 바란다.

"[9]하나님의 사랑이 우리에게 이렇게 나타난 바 되었으니 하나님이 자기의 독생자를 세상에 보내심은 그로 말미암아 우리를 살리려 하심이라 [10]사랑은 여기 있으니 우리가 하나님을 사랑한 것이 아니요 하나님이 우리를 사랑하사 우리 죄를 속하기 위하여 화목 제물로 그 아들을 보내셨음이라 [11]사랑하는 자들아 하나님이 이같이 우리를 사랑하셨은즉 우리도 서로 사랑하는 것이 마땅하도다 [12]어느 때나 하나님을 본 사람이 없으되 만일 우리가 서로 사랑하면 하나님이 우리 안에 거

하시고 그의 사랑이 우리 안에 온전히 이루어지느니라"_〈요한일서 4:9~12〉

🌱 예수를 따르는 삶에 대하여 당신의 생각을 정리해 보자. 앞으로 당신은 어떻게 살아야 하겠는가? 당신의 결단을 적어 보자.

🌱 예수님이 말씀하신 새 계명, 사랑에 대하여 정리해 보자.

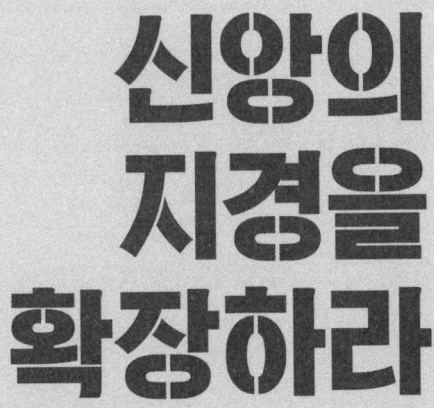

신앙의
지경을
확장하라

PART 03
신앙의 지경을 확장하라

1. 예배로 시작하라
2. 기도로 무장하라
3. 하늘의 소식을 전하라
4. 하나님의 시대적 열정

1 예배로 시작하라

winning
gospel

그리스도인은 예배하는 자들이다. 예배한다는 것은 하나님을 찾는 것이다. 예배자는 하나님의 영광을 바라면서 하나님을 경배하고, 하나님의 뜻이 나의 삶에 이루어질 수 있도록 간구하는 자들이다. 세상이 아무리 죄 가운데 빠져 있다 할지라도, 세상이 아무리 타락으로 달려가고 있다 할지라도, 세상이 아무리 하나님을 대적할지라도 하나님의 은혜를 받은 사람들은 하나님을 경외하며 예배한다. 예배를 통해 하나님께 영광이 되는 참된 그리스도인의 삶이 되길 소망한다.

1 예배로 시작하라

성도의 삶은
예배이다

하나님의 사람들은 어디를 가든지 예배로 시작한다. 어느 곳에 가든지, 무슨 일을 하든지 하나님의 기쁨을 위하여 제단을 쌓고 영광을 올려드린다. 구약시대의 노아도 그런 사람이었다. 당시에는 죄악이 세상 가운데 만연하여 모든 인간이 하나님을 대적하면서 예배하지 않았다. 그러나 노아는 삶 자체가 예배였고, 언제나 하나님 말씀대로 순종하며 행했다. 세상이 너무나 악하여 하나님께서 큰 홍수로 세상을 심판하실 때, 노아와 그의 가족은 하나님의 놀라운 은총을 받았다.

노아는 120년 동안 하나님의 말씀에 의지하며 방주를 지었다. 당시 사람들은 산꼭대기 위에 방주를 짓고 있는 노아를 이해하지 못했다. 세상 사람들은 노아를 조롱하고 비웃었다. 그럼에도 불구하고 노아는 흔들리지 않고 꿋꿋이 120년의 시간을 오직 하나님의 말씀에 의지하며 살았다. 이뿐만이 아니었다. 방주가 완성되자, 하나님께서는 짐승들의 암수를 짝지어 방주 안으로 들여보내라고 명하셨다. 노아는 하나님의 말씀대로 순종하였다. 참된 예배자가 아니고서는 할 수 없는 순종이었다.

방주가 완성되고 짐승들이 모두 방주 안으로 들어가니 비가 내리기 시작했다. 오늘날의 비 오는 정도가 아니었다. 성경을 보니, "그 날에 큰 깊음의 샘들이 터지며 하늘의 창문들이 열려 40주야를 비가 땅에 쏟아졌더라"고 기록했다. 온 세상이 물로 다 덮였던 것이다. 당신은 상상이 가는가? 비가 그친 후, 물이 빠지는 데에만 무려 150일이나 걸렸다고 한다. 하나님의 말씀을 근거로 계산을 하면, 노아와 그의 식구들이 방주 안에서 일 년 정도 머물렀던 것 같다.

노아의 방주가 아라랏 산에 머물렀을 때, 그들은 얼마나 밖으로 나와 보고 싶었겠는가? 하지만 노아는 하나님의 말씀이 있기까지 기다리고 또 기다렸다. 우리가 신앙생활을 할 때에도 이런 인내가 필요하다. 예배자의 삶에는 하나님의 말씀을 기다리는 인내가 있어야 한다. 노아는 먼저 까마귀를 내보냈다. 그다음에는 비둘기를 내보냈다. 물이 가득할 때에는 비둘기가 있을 곳이 없어 방주로 돌아왔고, 며칠 간의 시도 끝에 드디어 감람나무의 잎사귀를 물고 오자, 노아는 물이 빠지고 있는 것을 알 수 있었다.

7일 후 다시 비둘기를 내보냈을 때, 비둘기는 더 이상 돌아오지 않았다. 드디어 땅이 다 드러난 것이다. 그럼에도 불구하고 노아는 방주 문을 열고 나가지 않았다. 하나님께서 말씀하실 때까지 기다린 것이다. 땅이 마르자, 하나님은 노아에게 말씀하셨다. 그제야 노아는 말씀에 순종하여 방주에서 나왔다. 우리의 삶에도 노아와 같이 하나님의 말씀을 붙들고 인내하며 하나님만을 바라보는 예배의 삶이 있기를 바란다. 나의 생각과 판단이 다르더라도, 오직 하나님만 의지하고 인내하며 그분의 선한 인도하심을 바라보아야 한다.

"너는 범사에 그를 인정하라 그리하면 네 길을 지도하시리라"
_〈잠언 3:6〉

우리가 하나님을 인정하고 바라볼 때, 하나님의 말씀을 온전히 붙들 때에 하나님은 우리의 삶을 가장 아름다운 축복의 길로 인도하여 주실 것이다. 하나님께서는 홍수로 온 인류를 심판하셨다. 세상 가운데 방주 외에는 남아 있는 생명체는 하나도 없었다. 인류의 역사는 다시 시작되어야 하는 시점에 선 것이다. 이때에도 노아는 자신의 생각대로 살 길을 찾아 행하지 않았다. 먹을 것을 구하거나 집을 짓는 것이 아닌, 먼저 하나님 앞에 제단을 쌓고 예배를 드렸다. 이처럼 하나님은 어떤 상황이든지 우리가 예배로 시작하기를 원하신다.

노아가 방주에서 나왔을 때, 아마도 환상적인 모습은 아니었을 것이다. 40주야 비가 오고, 일 년 가까이 물에 잠겨 있었던 땅에 무엇이 남았겠는가? 전쟁의 폐허보다 더 심각했을 것이다. 노아는 모든 것을 다 내려놓고 다시 시작해야 하는 상황에 처했다. 인생의 절망, 그 막바지에 다다른 것과 같은 모습이었을 것이다. 우리의 인생도 풍족할 때에는 잘 모른다. 내가 예배를 드리나, 드리지 않으나 별 차이가 없어 보일지 모른다. 그러나 조금이라도 어려움이 찾아오면 우리는 그 절박함과 간절함에 몸부림치게 된다.

모든 것이 무너지고 심판 가운데 다 쓸려 없어진, 텅 빈 세상에서 노아는 하나님만 생각했다. 제단을 쌓고, 예배로 시작했다. 우리의 삶도 어떤 환경에 있든지, 이처럼 예배로 시작할 수 있는 은혜가 있길 바란다.

하나님을 구하고, 하나님만 바라보자. 목마른 사슴이 시냇물을 찾아 헤매듯, 갈급한 영혼에 단비를 내려주실 주님을 의지하라. 그러면 주님은 나의 힘과 방패가 되어 주실 것이다. 주님만이 우리의 살 길이요, 돕는 자가 되어 주신다. 이 모든 것은 예배로부터 시작되어짐을 잊지 않길 바란다.

우리가 예배를 시작할 때 하나님은 우리의 삶에 새 일을 시작하신다. 예배 가운데 하나님을 만나게 되고, 하나님의 말씀을 듣게 된다. 하나님의 마음을 깨닫게 되는 것이다. 우리는 죄인이다. 죄를 해결해야만 하나님의 자녀가 되어 그분의 보좌 앞으로 나아갈 수 있다. 그런데 우리는 이 예배를 통해 죄를 해결받을 수 있다. 노아는 모든 정결한 짐승과 모든 정결한 새 중에서 제물을 취하여 번제로 제단에 드렸다. 번제란 희생제물을 전부 불에 태워 하나님 앞에 드리는 것이다. 불에 태워 그 향기가 하늘로 올라가는 것이다.

하나님께서는 노아의 번제, 향기를 받으셨다고 성경은 기록한다. 이는 노아가 하나님을 경배하고 예배할 때, 하나님이 기뻐 받으신 것을 의미한다. 구약시대에는 이렇게 짐승을 잡아 하나님 앞에 제사를 드렸다. 그러나 신약시대에 와서는 예수 그리스도께서 단번에 영원한 제사를 드렸기에 더 이상 제사가 필요하지 않다. 오직 예수 그리스도의 십자가 보혈에 의지하여 죄 사함을 받고, 우리가 하나님 앞으로 나아가 예배를 드릴 수 있게 된 것이다. 주님께서 친히 제물이 되어 주신 것이다.

"여호와께서 그 향기를 받으시고 그 중심에 이르시되 내가 다시는 사람으로 말미암아 땅을 저주하지 아니하리니 이는 사람의 마음이 계획하는 바가 어려서부터 악함이라 내가 전에 행한 것 같이 모든 생물을 다시 멸하지 아니하리니"_〈창세기 8:21〉

이제 하나님의 홍수 심판은 끝났다. 하나님께서는 홍수 심판 이후 인간을 어떻게 평가하실까? 우리는 성경에서 "사람의 마음이 계획하는 바가 어려서부터 악함이라"는 뜻밖의 기록을 볼 수 있다. 홍수로 온 세상을 모두 쓸어버렸음에도 인간의 죄는 없어지지 않았던 것이다. 거의 일 년 동안 전 세계가 물속에 잠겨 있었음에도 불구하고, 인간의 죄성은 그대로 남아 있었던 것이다. 인간이 전적으로 타락해 있음을 의미한다. 우리는 인간의 실체를 바로 알아야 한다. 속사람의 추악하고 더러운 모습 말이다.

우리가 예수님을 믿고 구원을 받았다고 할지라도 예배를 잃어버리면, 예수 그리스도의 십자가를 바로잡지 않으면 언제든지 죄 가운데 빠질 수밖에 없는 연약한 피조물이란 사실을 기억하기 바란다. 죄의 삯은 사망이다. 이 사망 가운데서 우리를 건져 줄 분은 오직 예수 그리스도뿐이다. 첫 사람 아담의 죄로 인해 세상에 죄가 들어왔다.

때문에 인간의 죄성은 태어날 때부터 가진 것이다. 이 원죄를 해결받기 위해서는 죄가 없는 완전한 사람의 피가 필요했다. 하나님이신 예수님이 성육신하셔서 이 땅에 오신 이유가 바로 이것이다.

"²¹사망이 한 사람으로 말미암았으니 죽은 자의 부활도 한 사람으로 말미암는도다 ²²아담 안에서 모든 사람이 죽은 것 같이 그리스도 안에서 모든 사람이 삶을 얻으리라"〈고린도전서 15:21~22〉

하나님의 독생자 예수 그리스도는 처녀 마리아의 몸에 성령으로 잉태되어 인간의 육신을 입고 이 땅에 오셨다. 죄가 없는 완전한 사람으로 말이다. 그리고 때가 이르렀을 때, 십자가에 못 박혀 죽으셨다. 완전한 인간의 보혈로 우리의 죄가 깨끗하게 사함을 받게 된 것이다. 뿐만 아니라 죽음과 사망의 권세를 이기시고 삼 일 만에 부활하사 친히 산 자들의 첫 열매가 되셨다.

이제 우리는 예수 그리스도를 믿음으로 죄 사함을 받게 되었다. 뿐만 아니라 믿음으로 의롭게 된 우리는 하나님 앞에 나아갈 수 있게 된 것이다. 얼마나 감격스러운가!

하나님께서는 노아의 제사를 받으시고는 인간의 연약함과 이 죄

성에 대해 긍휼한 마음을 가지셨다. 그리고 다시는 사람으로 말미암아 땅을 저주하지 않겠다고 하셨다. 즉, 이전과 같이 홍수로 심판하지 않겠다고 약속하신 것이다. 마음을 바꾸신 것이다. 예배에는 이런 능력이 있다. 우리가 예배할 때 하나님은 우리를 긍휼히 여기사 자비를 베푸신다. 죄악 된 세상에서 지치고 힘든 육신과 찢기고 허물어진 심령을 예배로 회복할 수 있길 바란다. 예배의 자리로 돌아와 하늘의 축복을 누릴 수 있는 우리가 되길 소망한다.

참된 예배를 드리라

"이 백성은 내가 나를 위하여 지었나니 나를 찬송하게 하려 함이니라" 〈이사야서 43:21〉

하나님께서 인간을 창조하신 이유와 목적은, 바로 하나님을 예배하기 위함이다. 인류의 시작도 하나님을 예배하는 것이요, 인류의 마지막도 하나님을 예배하는 것이다. 영원토록 말이다. 그런데 중요한 것은 예배라고 다 같은 예배가 아니라는 것이다. 예배에는 참된 예배가 있고, 그렇지 않은 예배가 있다. 참된 예배자가 있지만, 그렇지 못한 예배자도 있을 수 있다는 것이다. 그렇다면 참된 예배란 어떻게 드리는 것을 말하는가? 예수님께서는 친히 우리에게 참된 예배의 방법을 알려 주셨다.

"하나님은 영이시니 예배하는 자가 영과 진리로 예배할지니

라"_〈요한복음 4:24〉

예수님께서는 "참된 예배란 영과 진리로 예배하는 것이다"라고 말씀하셨다. 그렇다면 영과 진리로 예배한다는 것은 무엇인가?

첫째, 진리란 예수 그리스도를 말한다. 이 진리는 헬라어로 '알레데이아'(ἀλήθεια)라고 하는데, 이 단어가 〈요한복음〉 14장 6절에도 사용된다.

> "예수께서 이르시되 내가 곧 길이요 진리요 생명이니 나로 말미암지 않고는 아버지께로 올 자가 없느니라"_〈요한복음 14:6〉

예수님께서는 내가 진리, 즉 '알레데이아'라고 말씀하신다. 그러니까 하나님께 진리로 예배한다는 것은, 예배는 예수 그리스도를 통해서만 가능하다는 것을 의미한다. 즉 예수님을 통해, 구원을 통해 그 믿음으로 참된 예배가 회복된다는 것이다. 예수님을 만난 사람, 거듭난 사람, 구원의 감격이 있는 사람이 참된 예배를 드리는 것이다.

둘째, 진리란 하나님의 말씀을 뜻한다. 그럼, 예수님은 누구신가? 예수님은 하나님의 말씀이 육신이 되어 오신 분이다. 때문에 진리로 하나님을 예배하라는 것은 하나님의 말씀으로 예배하라는 것이다. 하나님의 말씀이 없으면, 우리가 하나님을 참되게 예배할 수 없다. 하나님의 말씀에 대한 지식이 필요한 것이다. 예를 들어, 말씀의 지식은 이런 것이다.

> "너희는 알지 못하는 것을 예배하고 우리는 아는 것을 예배하노니 이는 구원이 유대인에게서 남이라"_〈요한복음 4:22〉

여기서 "구원이 유대인에서 난다"는 것은, 바로 유대인의 혈통에서 메시아가 난다는 것을 말한다. 사마리아 땅에서 나는 것도 아니고, 이방인의 땅에서 나는 것도 아니라는 것이다. 메시아는 유대인의 혈통 가운데서 나는데, 그가 바로 '나'라는 것을 말씀하는 것이다. 예수님은 유대인의 혈통 가운데서 나셨다. 이는 신약성경의 가장 처음에 나온다.

> "아브라함과 다윗의 자손 예수 그리스도의 계보라"_〈마태복음 1:1〉

아브라함과 다윗의 혈통으로 예수 그리스도가 나신 것이다. 즉, 말씀의 지식이란 이러한 지식이 있어야 한다는 것이다. 우리는 예배 시간에 설교도 듣고, 말씀도 듣는다. 또한 성경 공부하고, 구역 공부도 한다. 이것은 너무나 중요하다. 왜냐하면 우리가 하나님의 말씀을 알아 가면 갈수록 더욱 깊은 예배의 자리로 나아갈 수 있기 때문이다.

참된 예배란 영과 진리로 예배하는 것인데, 여기서 영으로 예배한다는 것은 무슨 의미일까? 짧게 세 가지로 나눌 수 있다.

첫째, 참된 예배는 보이지 않는 데서 결정되어지는 것이다. 왜냐하면 영은 보이지 않기 때문이다. 하나님은 영이시다. 때문에 보이지 않는 하나님을 예배하는 것은 참으로 어려운 일이다. 그래서 사람들은 자꾸 눈에 보이는 것을 만들려고 한다. 이스라엘의 역사를 살펴보면, 하나님을 보이는 하나님으로 만들려고 노력했다. 그래서 우상을 만들어냈던 것이다. 보이지 않는 하나님을 예배하는 것보다 보이는 우상을 섬기는 것이 더 쉽기 때문이다. 그러나 우리는 절대로 그런 일을 범하면 안 된다.

우리는 육신의 차원이 아니라 영의 차원으로 예배해야 한다. 오늘날에는 교회들이 참으로 아름다워졌다. 훌륭한 음향과 아름다운 영상으로 예배를 화려하고 아름답게 만든다. 이 모든 것이 예배를 돕기 위해 필요하지만 본질적인 것은 아니다. 이 모든 시설이 한순간에 마비될지라도, 우리는 참된 예배자로서 조금이라도 흐트러짐이 있어

선 안 된다. 사실 초대 교회에는 이런 시설이 전혀 없었다. 그러나 하나님을 예배하는 것만큼은 오늘날보다 더 은혜로웠을 것 같다. 우리 예배 가운데 방해되는 것이 있다면, 오히려 다 내려놓는 것이 좋을지도 모른다. 부디, 영으로 예배하는 참된 예배자가 되길 바란다.

둘째, 영으로 예배한다는 것은 장소에 구애됨이 없다는 것이다.

"예수께서 이르시되 여자여 내 말을 믿으라 이 산에서도 말고 예루살렘에서도 말고 너희가 아버지께 예배할 때가 이르리라"_〈요한복음 4:21〉

예수님께서는 온 우주 만물에 충만하신 하나님은 어디에서나 예배받기에 합당하신 분임을 말씀하셨다. 교회 안에서만 예배하는 것이 아니라 우리의 예배는 교회의 울타리를 넘어가야 한다. 우리의 모든 삶이 예배가 되어야 하는 것이다. 그러나 오해하지 말아야 한다. 우리의 삶 전체가 예배가 되어야 한다는 것이, 교회 안에서의 예배를 소홀히 생각해도 된다는 것은 결코 의미하지 않는다. 삶의 예배도 중요하지만, 무엇보다 오늘날 우리가 드리는 공적 예배는 더 중요하다. 우리 인생에서 예배의 중심을 잡는 시간이기 때문이다. 교회 안에서의 공적 예배가 우리 가운데 바로 설 때, 우리의 삶도 주님 안에서 예배로 아름답게 설 것이다.

셋째, 영으로 예배한다는 것은 성령으로 예배하는 것이다. 성령님은 거룩한 영이다. 또한 말씀 가운데 역사하시는 진리의 영이시다. 예수님께서 부활하고 승천하신 후에 약속대로 우리에게 성령님을 보내 주셨다. 성령님은 우리를 돌보시고 감찰하시는 분이다. 성령님 없이 말씀만으로도 안 되고, 말씀만 있고 성령님 없이도 안 되는 것이다. 성령에 말씀이 있고, 말씀에 성령이 함께 있어야 한다. 말씀과 성령이 함께 충만해야 비로소 온전한 참된 예배가 드려질 수 있다.

참된 예배자는 자신의 모든 것을 내려놓아야 한다. 하나님 앞에, 자신의 모든 과거와 현재와 모든 죄악을 내려놓고 하나님 앞에 겸손하게 나아가야 한다. 성령님은 예배 가운데 불을 주신다. 열정을 주시고, 능력을 주시며, 치유와 회복을 주신다. 말씀을 통한 우리의 영혼과 삶을 새롭게 하신다. 때문에 반드시 성령의 임재가 있는 예배를 드려야 한다.

오늘날 우리는 일반적으로 아름다운 성전에서 편안하게 예배를 드린다. 하지만 우리나라도 이렇게 된 지 그리 오래되지 않았다. 초기 외국 선교사들과 신앙 선진들의 희생으로 우리에게 예배의 자유와 훌륭한 예배 공간이 세워진 것이다. 문제는 너무 좋은 환경으로 인해 예배의 감격이 상실되고 있다는 것이다. 예배의 감격을 회복하자! 영과 진리로 온전히 참된 예배가 드려질 때 비로소 우리의 모든 죄의 문제 해결은 물론이요, 세상 가운데 상처받고 무너져 있는 우리의 영육이 회복되고 치유될 수 있다. 하나님은 예배받기에 합당하신 유일한 단 한 분, 나의 하나님이 되신다.

> "27땅의 모든 끝이 여호와를 기억하고 돌아오며 모든 나라의 모든 족속이 주의 앞에 예배하리니 28나라는 여호와의 것이요 여호와는 모든 나라의 주재심이로다"_〈시편 22:27~28〉

🌱 당신은 참된 예배자인가? 오늘날 당신의 예배 모습을 관찰하고 반성하며, 참된 예배자로 서기 위해 어떻게 해야 할지 깊이 묵상하고 깨달을 수 있길 바란다.

🌱 참된 예배를 당신의 말로 정리해 보자. 성경에 등장하고 있는 참된 예배자들을 찾아보고 그들에게서 본받을 점을 정리해 보자.

2 기도로 무장하라

winning gospel

이 세상에는 영적인 씨름과 전쟁이 있다. 하나님께서는 우리에게 영적인 능력을 주셨다. 마귀의 간계를 능히 대적하기 위하여, 승리를 취하기 위하여 하나님의 전신갑주를 취하라고 말씀하신다. 그런데 하나님께서는 전신갑주에 대하여 말씀하시면서, 동시에 기도의 무장이 얼마나 중요한지를 가르쳐 주셨다. 하나님의 전신갑주, 이 모든 것이 기도로 귀결된다는 것이다. 그렇다면 기도란 무엇인가? 기도는 하나님을 찾는 것이다. 하나님을 의지하고 바라보며, 하나님 앞에 묻고 대답하는 것이다. 뿐만 아니라 하나님을 신뢰하고 기다리며 붙잡는 것이 바로 기도이다. 기도가 없으면 성도의 삶은 무기력할 수밖에 없고, 영적인 전쟁 가운데 쓰러질 수밖에 없다. 성도라면 반드시 기도해야 한다.

2 기도로 무장하라

기도는 어떻게 해야 하는가?

"모든 기도와 간구를 하되 항상 성령 안에서 기도하고 이를 위하여 깨어 구하기를 항상 힘쓰며 여러 성도를 위하여 구하라"_〈에베소서 6:18〉

성경은 우리에게 모든 기도와 간구를 하라고 말씀한다. 온갖 방법을 동원해서, 주님을 찾고 구하라는 것이다. 개인적으로 부르짖든, 합심기도를 하든, 혹은 묵상을 하든지 간에 하나님을 찾고 구하라고 말씀하신다. 영적 전쟁 가운데 끊임없이 공격해 오는 사탄이 있기에, 우리도 쉬지 말고 끊임없이 하나님 앞에 간구해야 한다. 그런데 기도에는 원칙이 있다. 모든 기도와 간구를 하되, 성령 안에서 기도하라는 것이다. 반드시 성령 안에서 구해야 한다. 성도라면 당연히 성령 안에서 구하는 것 아닌가!

그렇다! 성도라면 당연히 성령 안에서 구해야 한다. 그런데 성령 밖에서 구하는 성도도 있기에 바울은 에베소 성도들에게 권면한 것이다. 성도임에도 불구하고 성령 안에서 기도하지 않고 성령을 벗어나서 기도할 수 있는 가능성이 있기 때문에 말이다. 성령 안에서 기도해야만 능력이 된다. 성령 안에서 하나님을 찾고 구해야만 그것이 영적 전쟁에서 승리하는 능력이 되는 것이다. 그러면 성령 안에서 구한다는 것은 무엇을 의미하는가? 성령 안에서 기도하는 것은 무엇인지, 두 가지로 나눠서 살펴볼 수 있다.

첫째, 성령 안에서 기도한다는 것은 육체의 욕심을 따라 기도하지 않는 것을 말한다. 하나님께서는 바울을 통해 많은 서신서를 기록하게 하셨다. 그런데 이 서신서 안에 '성령 안에서, 성령의 역사하심, 성령 안에 행하심'이라고 하는 독특한 표현이 많다. 다시 말하면, 성령님과 반대되는 개념이 비교되어 많이 등장했는데 그것은 바로 '육체의 욕심' 이다.

"내가 이르노니 너희는 성령을 따라 행하라 그리하면 육체의 욕심을 이루지 아니하리라"_〈갈라디아서 5:16〉

즉, 성령 안에서 기도한다는 것은 육체의 욕심을 따라 기도하지 않는다는 것을 의미한다. 세상의 방법에 따라, 나의 욕심에 따라 기도하지 않는다는 것이다. 왜냐하면 육체의 욕심에 따라 하는 기도는 그 속에 능력이 없기 때문이다. 〈야고보서〉 4장을 보면, 우리가 얻지 못하는 것은 먼저 구하지 않아서고 둘째는 정욕으로 쓰려고 잘못 구하기 때문이라고 말씀한다. 즉, 성령 안에서 구하지 않았기 때문이다. 성령을 벗어나서, 성령을 인정하지 않고 구했다는 것이다. 성령 안에서 구하지 않으면 아무리 구해도 소용이 없다.

성령 안에서 구하는 것은, 나의 혀로 혀끝에서 맴도는 기도가 아니다. 내 영혼 깊은 심령에서 주님을 의지하며 성령님께 은혜를 간구하는 것이다. 〈로마서〉 8장 26절을 보면, "성령도 우리의 연약함을 도우시나니 우리는 마땅히 기도할 바를 알지 못하나 오직 성령이 말할 수 없는 탄식으로 우리를 위하여 친히 간구하시느니라"고 말씀한다. 즉 우리가 연약하여 정확하게 무엇을 기도해야 할지 몰라도 성령 안에 있으면, 우리와 동행하시며 우리를 위해 기도하시는 성령의 인도함을 따라 기도할 수 있다.

둘째, 성령 안에서 기도한다는 것은 말씀 안에서 기도하는 것을 말한다. 하나님의 전신갑주에 관해서 성령과 관계된 것이 있다. 바로 성령의 검이다. 그렇다면 성령의 검은 무엇인가? 바로 하나님의 말씀이다. 즉 성령 안에서 기도한다는 것은 성령의 검을 갖는 것인데, 다시 말해 말씀을 갖게 되는 것이다. 성령은 말씀을 벗어나서 역사하지 않는다. 또한 말씀은 성령 없이 역사될 수 없다. 성령 안에서 간구한다는 것은 하나님의 약속의 말씀을 붙잡고 기도하는 것이다. 하나님의 말씀을 붙잡고, 그 약속을 의지하여 간구해야 하는 것이다.

성령 안에서 기도한다고 하면, 사람들은 초자연적인 환상이나 이적 또는 기적이 있을 것이라 기대한다. 때문에 병 고침이나 문제를 해결받고자, 기도를 많이 한다고 소문난 사람들을 찾아가서 기도받는 일도 종종 볼 수 있다. 오늘날에는 많이 사라졌지만, 한국 교회가 부흥할 초창기에는 이러한 일이 많았다. 물론 성령님은 우리의 이성과 상식을 뛰어넘는 초자연적인 역사를 이루어 주신다. 믿음으로 기도할 때 성령님은 놀라운 일들을 우리 삶에서 체험하게 하신다. 그러나 분명한 것은 성령님은 하나님의 말씀을 벗어나서 역사하지 않으신다는 것을 기억하기 바란다. 가장 강력한 기도는 성령 안에서, 말씀을 붙잡고 의지하여 간절히 하는 기도임을 잊지 않길 바란다.

무엇을 위해
기도해야 하는가?

성령 안에서 모든 방법을 동원하여 기도해야 하는데, 무엇을 위해 기도해야 할까? 정답은 모든 것을 놓고 기도해야 한다. 나의 삶의 모든 것을 주님 앞에 내어놓고 말이다.

"¹³너희 중에 고난 당하는 자가 있느냐 그는 기도할 것이요 즐거워하는 자가 있느냐 그는 찬송할지니라 ¹⁴너희 중에 병든 자가 있느냐 그는 교회의 장로들을 청할 것이요 그들은 주의 이름으로 기름을 바르며 그를 위하여 기도할지니라"_〈야고보서 5:13~14〉

고난을 당할 때에도 기도하고, 즐거운 일이 있을 때에도 기도하며, 질병 가운데 힘들어도 기도해야 한다. 사람마다 상황은 모두 다르나, 처방은 다 같이 기도이다. 위기가 있을 때에만 기도해서는 안 된다.

시시때때로 기도해야 한다. 항상 기도에 힘써야 한다. 예수님께서 겟세마네 동산에서 땀방울이 핏방울이 되도록 간절히 기도하셨던 것처럼, 하루 종일 수많은 사람에게 하나님의 말씀을 전하시고도 틈틈이 기도하셨던 것처럼, 우리도 그렇게 기도해야 한다.

> "16항상 기뻐하라 17쉬지 말고 기도하라 18범사에 감사하라 이것이 그리스도 예수 안에서 너희를 향하신 하나님의 뜻이니라."〈데살로니가전서 5:16~18〉

아마도 지금 이 책을 선택하고 읽는 우리에게 대부분 말할 수 없는 개인 사정과 어려움, 고난이 있을지 모른다. 그러나 세밀히 귀 기울여 보면 우리 마음속에서 들리는 성령님의 음성이 있지 않은가? 기도하라! 가정의 문제든, 교회의 문제든, 사업과 직장의 문제든, 어떠한 문제든 간절히 성령 안에서 구하는 우리가 되길 바란다. 우리가 밥을 먹고 잠을 자듯이, 기도는 우리 삶에 빠져서는 안 될 중요한 부분이다.

한편 〈에베소서〉 6장 18절을 보면, 바울은 하반절에 "여러 성도를 위하여 구하라"고 우리에게 권면한다. 중보기도의 중요성을 이야기한 것이다. 그렇다면 중보기도가 왜 중요할까? 영적 전쟁은 나 혼자서 하는 전쟁이 아니기 때문이다. 오늘날에는 개인의 문제를 드러내기 싫어하는 사람이 많다. 그래서인지 서로 기도 제목을 공유하는 데 꺼려 한다. 하지만 그리스도인들은 영적 동지요, 영적 군사로 전쟁터에 함께 서 있기에 중보는 피할 수 없는 과제이다.

우리에게는 영적 전쟁이 있다. 그리고 반드시 승리해야 한다. 절대로 넘어져서는 안 된다. 때문에 우리는 쉬지 말고 끊임없이 기도해야 한다. 성령의 능력으로 간구해야 한다. 기도로 무장하는 우리가 되어 사탄이 언제 어디서 어떻게 공격하든 승리할 수 있길 소망한다. 기쁠 때나 슬플 때, 평안할 때와 고난과 역경이 있을 때 항상 기도하는 믿음의 사람이 되어야 한다. 설렁설렁 시간만 때우는 기도가 아닌 성령 안에서 간절히 구하는, 하나님의 말씀으로 기도하는 우리가 되길 바란다.

왜 기도해야 하는가?

우리는 기도는 어떻게 하는 것이고, 무엇을 위해 기도해야 하는지를 짧게나마 살펴보았다. 그런데 이쯤 되면 우리의 내면에서는 '왜 기도를 해야 하지?'란 생각이 들 수 있다. 특히 인생이나 신앙생활에서 굴곡이 크게 없었던 사람들은 이런 생각이 좀 더 강하게 들 수 있다. 그리스도인은 왜 기도해야 하는 것일까?

첫째, 기도는 주님의 명령이기 때문에 해야 한다. 아마도 여기서 기도를 피해 갈 수 있는 그리스도인은 아무도 없을 것이다. 예수님께서 기도하라고 말씀하셨는데, 그분의 제자인 우리가 이 말씀을 거역할 수 있겠는가? 주님을 믿는 우리는 모두 기도해야 한다. 주님은 우리가 늘 깨어서 기도하길 원하시며, 기도 가운데 있는 능력을 체험하길 원하신다. 놀라운 것은 우리 주님도 기도하였다는 것이다. 특별히 십자가와 부활을 통과하시기 전에도 겟세마네 동산에서 기도하셨다. 예수님은 인류 구원의 새로운 역사를 이루시기 위해 기도로 준비하셨다. 주님의 공생애도 기도로 시작되었고, 십자가도 기도를 통과하였다.

하나님은 우리 가운데 새로운 역사가 일어나길 원하신다. 우리 가정과 교회와 민족, 열방 가운데 새로운 역사가 쓰이길 원하신다. 때문에 우리가 기도하길 원하시며, 예수님이 제자들과 함께하셨던 것처럼 우리도 함께 기도하길 원하신다. 골방에서 기도할 때가 있고, 금식하며 기도할 때가 있다. 때로는 혼자서 기도해야 하며, 때로는 둘 셋이 함께 기도해야 한다. 어떤 방법이든, 어떤 모습이든 주님은 우리가 기도하고 그 능력을 경험하길 원하신다. 우리의 모든 처소가, 서 있는 자리가 기도의 자리가 될 수 있길 바란다.

둘째, 기도는 주님을 향한 사랑과 헌신의 고백이기 때문에 해야 한다. 우리는 많이 찬양하고, 주님께 수없이 고백한다. '주여, 나를 사용하옵소서. 내가 주님을 사랑합니다. 나의 모든 것을 주님께 드리니, 날 받아주소서'라고 말이다. 그런데 이 모든 찬양과 고백이 입술에서만 끝나면 안 된다. 거짓이 되지 않기 위해서는 반드시 증명해야 하는데, 이는 기도로 출발한다. 신앙의 행함에서 기도가 매우 중요하다. 베드로와 야고보, 요한은 주님의 고난의 잔을 마시며 따르겠다는 입술의 고백을 했지만, 안타깝게도 그 출발점인 기도의 자리에서 깨어 있지 못했다. 그들의 사랑과 헌신의 고백은 입술에서만 그쳐버렸다.

우리에게 입술의 고백이 있는가? 그 입술의 고백이 있다면, 주님은 우리를 초청하고 계신 것이다. 기도의 자리 가운데 함께 고난의 잔을 마시며 십자가를 지는 능력으로 나아가길 원하시는 것이다. 우리 가운데 주님을 향한 사랑의 고백이 있다면, 충성과 헌신의 고백이 있다면 그것을 증명하라. 우리가 주님을 사랑한다는 것, 따른다는 것을 어떻게 보이고 증명해 보이겠는가? 입술의 고백으로 끝나는 것이 아니라 기도의 자리에 함께 깨어 있어서 그 놀라운 은혜가 우리 가운데 임하길 소망한다.

성도들을 대상으로 한 설문조사가 있다. 그리스도인이라고 고백한 사람에게 '당신은 매주 주일을 섬기는가?'라고 물었다. 어떻게 됐을까? '예'라고 대답한 사람이 100%가 안 되었다. 주일을 온전히 지키지 못하는 성도가 많다는 것이다. 또한 '시간을 정해 놓고 기도하는가?'라고 물었을 때, 이에 대한 대답은 앞의 질문보다 통계가 현저히 떨어지더라는 것이다.

그런데 웃지 못할 상황은, '당신은 천국에 가기를 원하는가?'와 '삶에서 승리하기를 원하는가?' 또한 '하나님의 기적을 경험하기 원하는가?'에 대한 대답은 모두가 '예'라고 했다는 것이다. 예배를 드리지 않으면서, 기도는 하지 않으면서 삶의 승자와 기적을 소망한 것이다. 입술의 고백은 있으나, 삶의 고백은 없는 것이다. 얼마나 안타까운 일인가! 입술의 고백에 대한 증명이 필요하다. 부디, 우리는 기도의 그 놀라운 은혜의 자리로 전심으로 온전히 나아갈 수 있길 간절히 소망한다.

셋째, 기도는 시험을 이기는 능력이 있기 때문에 해야 한다. 주님은 제자들에게 말씀하셨다.

> "시험에 들지 않게 깨어 기도하라 마음에는 원이로되 육신이
> 약하도다 하시고"_〈마태복음 26:41〉

우리는 시험에 들지 않기 위하여 깨어 기도해야 한다. 사실 기도하지 않는 자에게는 시험이 와도 미처 그것을 깨닫지 못한다. 때문에 늘 자신만만한 신앙생활을 하는데, 결국에는 그 시험 때문에 쓰러지게 된다. 우리는 늘 기도해야 한다. 기도를 하면 할수록 기도의 필요성을 더 느끼게 되고, 우리를 더욱 단련하여 단단한 신앙인으로 성장시킨다. 어떤 시험이 다가와도 작은 요동조차 하지 않게 된다. 왜? 기도의 능력이 우리 안에 생겼기 때문이다. 기도의 능력을 가진 사람은

어떤 시험도 능히 이길 수 있다.

〈마태복음〉 26장을 보면, 예수님께서는 제자들과 함께 기도하러 겟세마네 동산에 오르신다. 그러고는 제자들에게 깨어 기도하라고 명하셨다. 그런데 제자들은 어떠했는가? 예수님께서 세 번이나 깨웠지만, 그들은 잠시 깨었다가 다시금 잠에 빠져들었다. 이후 예수님은 십자가 고난을 받기 위해 잡혀가셨다. 제자들에게 뜻하지 않은 시험이 닥친 것이다. 기도하지 않은 제자들은 어떠했는가? 모두 도망가 버렸다. 우리도 마찬가지이다. 예수님의 말씀대로 깨어 기도하지 않으면, 시험을 돌파할 능력도 없고 신앙을 쉽게 저버릴 수 있다.

예수를 따르겠다고, 제자가 되겠다고 결심했으면 신앙을 지킬 능력을 키우는 것이 필수적이다. 깨어 기도하라! 성령 안에서 말씀을 붙잡고 기도하면, 주님은 우리에게 기도의 능력을 부어 주실 것이다. 불시에 어떤 시험이 다가와도 신앙을 끝까지 지킬 힘을 주실 것이다. 제자들은 부활의 주님을 만나고 나서 기도함으로 성령받아 사명자의 삶을 살았다. 기도의 능력으로 시험을 이김으로써 우리의 신앙을 지키는 데서 벗어나, 더 나아가 사명자로 거듭날 수 있길 소망한다. 복음을 들고 세상 가운데서 전할 수 있는 우리가 되길 바란다.

아버지의
원대로 하옵소서!

기도에는 정답이 없다. 성령 안에서 말씀을 붙잡고 모든 것을 구하면 된다. 왜? 그것이 주님의 명령이니까, 주님의 사랑 고백에 대한 증명이니까, 시험에 들지 않고 신앙을 지키며 사명 감당하기 위함이니까 말이다. 다만, 마지막으로 명심해야 할 것이 하나 있다. 기도는 나의 뜻이 아니라 하나님의 뜻대로 해야 한다는 것이다.

> "이르시되 아버지여 만일 아버지의 뜻이거든 이 잔을 내게서 옮기시옵소서 그러나 내 원대로 마시옵고 아버지의 원대로 되기를 원하나이다 하시니"_〈누가복음 22:42〉

예수님께서도 십자가를 피하고 싶으셨다. 이것이 솔직한 심정이었다. 다만 원하는 것을 기도하나, 그 마지막을 보면 우리가 참으로 놀라지 않을 수 없다. "내 원대로 마시옵고 아버지의 원대로 되기를 원하나이다." 그렇다. 예수님께서는 모든 일이 하나님의 뜻 가운데 이뤄지길 원하셨다. 우리의 기도도 이러해야 한다. 우리의 계획과 뜻을 세우고 기도를 하지만, 정확한 하나님의 뜻을 알지 못한다. 아버지의 뜻을 알게 해 달라고 기도하는 것, 이것이 하나님이 기뻐하시는 기도가 아닐까 생각된다.

우리는 기도하지 않으면 하나님 아버지의 생각과 뜻을 알 수 없다. 즉, 기도하지 않으면 우리의 삶도 하나님의 뜻이 아닌 딴 길로 어긋난다는 것이다. 세상살이 중에 고난과 역경 가운데 있는 그리스도인이 참 많이 있을 것이다. 그 고난과 역경이 사탄의 시험만 있는 것이 아니다. 때로는 하나님이 축복을 주시기 위해 일부러 시험하시기도 한다. 사탄의 시험이든, 하나님의 축복의 기회이든 모든 것을 합력하여 선을 이루시는 하나님께 구해야 한다. 기도하여 영적으로 깨어 있어야 한다. 하나님은 구하는 자에게 반드시 응답하신다.

기도하고 또 기도하라. 주님의 말씀대로 깨어 기도할 때, 현실의 고난을 이길 힘이 생긴다. 더불어 하나님 앞에 가서 설 때까지 우리의 신앙을 온전히 지킬 수 있는 능력이 될 것이다. 기도함으로 예수 그리스도를 믿고 거듭난 신앙인에서 한걸음 더 나아가 영적 전쟁에서 이기고 현실의 고난을 극복할 수 있는 우리가 되길 바란다. 기도함으로 우리의 영적 지경을 확장할 수 있는 믿음의 군사가 되길 소망한다. 하나님의 뜻대로, 하나님의 인도하심으로 온전히 살아가는 그리스도인이 되길 기도한다.

🌿 당신은 얼마나 기도 생활을 하고 있는가? 과거의 나를 돌아보고 회개하는 시간을 가져 보자. 더불어 앞으로 어떻게 기도 생활을 할지 구체적으로 계획을 세워 보자.

🌿 기도를 안 하는 그리스도인들은 대부분 기도할 거리가 없어서라고 한다. 정말로 당신에게는 기도 제목이 없는가? 기도 노트를 만들어 보자. 기도 제목도 적어 보고, 응답받은 것을 기록도 해 보자. 기도가 삶의 기쁨을 가져다줄 것이다.

3 하늘의 소식을 전하라

winning
gospel

그리스도인의 삶 가운데 기초가 있다. 정말 신앙에 흔들리지 말아야 할 그 기초가 있는데, 바로 복음이다. 복음은 무엇인가? 예수 그리스도의 죽으심과 부활하심이다. 예수님께서 날 위해 물과 피를 다 쏟으시고 십자가에서 죽으사 나를 살리셨다는 이 감격이 반드시 우리 안에 있어야 한다. 사망권세를 깨뜨리시고 부활하셨다는 것은 너무나 중요한 사실이다. 당신은 믿는가? 하나님께서 우리를 너무 사랑하셔서 독생자 예수 그리스도를 아낌없이 이 땅에 보내 주신 것을 말이다. 하나님은 우리를 말할 수 없을 정도로 많이 사랑하신다.

3 하늘의 소식을 전하라

성령을 구하라

"구하라 그리하면 너희에게 주실 것이요 찾으라 그리하면 찾아낼 것이요 문을 두드리라 그리하면 너희에게 열릴 것이니"〈마태복음 7:7〉

우리에게 독생자 예수 그리스도를 아낌없이 주신 하나님께서 우리가 구하는 기도에 반드시 놀랍게 역사해 주실 것이다. 그런데 우리가 구하는 것 중 가장 좋은 것이 무엇인지 아는가? 바로 성령님이다. 성령님 안에 모든 것이 들어 있기 때문이다. 내가 구하는 모든 것이 성령님과의 관계 가운데 있기 때문이다. 우리는 하늘의 능력이 필요하다. 그리스도인은 세상의 능력을 가지고 살 수 없기 때문이다. 바울은 〈빌립보서〉 3장에서 우리의 시민권은 하늘에 있다고 말한다.

"그러나 우리의 시민권은 하늘에 있는지라 거기로부터 구원

하는 자 곧 주 예수 그리스도를 기다리노니"_〈빌립보서 3:20〉

예수님을 믿고 구원받은 모든 하나님의 백성은 시민권이 땅에 있는 것이 아니라 하늘에 있다는 것이다. 즉 우리의 시민권이 하늘에 있다는 것은 우리의 소망이 하늘에 있고, 우리의 주권이 하늘에 있으며, 우리가 세상을 살아갈 능력이 하늘에 있다는 뜻이다. 예수님께서 죽으시고 부활하셨다. 그리고 부활하신 예수님은 승천하시기 전 40일을 이 땅에서 제자들과 더 머무셨다. 그리고 그 기간에 하나님의 일을 말씀하셨다. 그것의 핵심이 바로 예수님의 지상명령이었다.

"[19]그러므로 너희는 가서 모든 민족을 제자로 삼아 아버지와 아들과 성령의 이름으로 세례를 베풀고 [20]내가 너희에게 분부한 모든 것을 가르쳐 지키게 하라 볼지어다 내가 세상 끝날까지 너희와 항상 함께 있으리라 하시니라"_〈마태복음 28:19~20〉

"또 이르시되 너희는 온 천하에 다니며 만민에게 복음을 전파하라"_〈마가복음 16:15〉

"볼지어다 내가 내 아버지께서 약속하신 것을 너희에게 보내리니 너희는 위로부터 능력으로 입혀질 때까지 이 성에 머물

라 하시니라"_〈누가복음 24:49〉

"오직 성령이 너희에게 임하시면 너희가 권능을 받고 예루살렘과 온 유대와 사마리아와 땅 끝까지 이르러 내 증인이 되리라 하시니라"_〈사도행전 1:8〉

우리가 예수를 따르는 제자의 삶을 살기 위해서는 주님의 명령에 순종해야 하는데, 우리는 이 모든 것을 감당할 능력이 있는가? 이 모든 명령에 순종하기 위해서는 우리의 마음과 능력으로는 절대 할 수 없다. 때문에 주님께서는 승천하시면서 성령님을 우리에게 보내 주신다고 약속을 하신 것이다. 우리는 성령을 받아야만 주님의 명령을 지킬 힘과 능력이 생긴다. 제자들은 예수님의 말씀에 순종하여 예루살렘을 떠나지 않고 성령님을 기다렸다. 그리고 오순절 날 주님이 약속하신 성령님께서 임하신 것이다.

유대인의 3대 절기가 있다. 그중 하나인 오순절에 성령님께서 제자들에게 임하신 것은 하나님의 뜻과 섭리 가운데 이뤄진 것이다. 땅의 섭리와 인간의 계획에 의해 성령님이 오신 것이 아니다. 즉 성령의 사람, 하나님의 사람들은 이 땅의 것을 먹고 사는 사람들이 아니다. 이 땅에 두 발을 딛고 장막에 거하며 살고 있지만, 이 땅의 사람들과 소통하며 살고 있지만 우리는 결코 이 땅에 머물러 사는 인생이 아니다. 장거리를 여행하다가 잠시 쉬어가는 휴게소처럼, 그리스도인에게 이 땅은 잠시 들르는 휴게소인 것이다.

오늘날 이 시대의 위기는 그리스도인들이 하나님의 말씀을 알고 교회에 다니며 신앙생활을 하는데, 마치 성령의 임재하심을 경험하지 못한 제자들처럼 머물러 있다는 것이다. 하나님의 능력과 상관없는 삶을 살고 있다는 것이다. 뿐만 아니라 구원받지 못한 하나님의 백성들이 교회 안에 많다는 것이 안타깝다. 그들에게 기독교는 많은 종교 중 하나일 뿐이다. 부모님이 다니니까, 종교는 하나 있어야 하니까, 주일마다 교회를 들락날락하는 그런 사람이 많다는 것이다.

예수님을 믿는다고 고백한다. 그러나 하나님의 능력과는 상관없는 인생을 살 수 있다는 것이다. 당신은 정말로 성령님을 아는가? 성령님의 능력을 믿는가? 바울이 전도 여행을 떠날 때, 에베소 성도들에게 "너희가 믿을 때에 성령을 받았느냐?"라고 물었다. 그러자 그들은 "우리는 성령이 계심도 듣지 못하였노라"고 대답한다. 다행히 우리는 성령님을 안다. 부디, 성령님께서 우리의 삶을 은혜 가운데 이끄시길 소망한다. 성령님의 말씀 가운데 귀를 기울이고, 성령님과 동행하며, 성령님의 능력을 구하는 우리가 되길 바란다.

하늘의 능력으로
복음을 전하라

성령이 임하고 그의 능력이 임하면 놀라운 역사들이 일어나는데, 그중 무엇보다 가장 중요한 역사가 있다. 바로 주님의 복음을 증거 하는 역사이다. 하늘의 능력을 받으면, 하늘의 소식을 전하는 축복의 역사가 나타난다. 나를 구원하셨기 때문에 나에게 주신 하나님의 그 크신 사랑이, 다시 나를 통해 다른 영혼들에게 흘러가는 것이다. 얼마나 아름답고, 얼마나 큰 축복인가! 하나님의 그 크신 은혜와 사랑의 결정체인 예수 그리스도의 십자가 사랑을 증거 하는 것이야말로 참으로 축복된 인생이 아닌가!

"보내심을 받지 아니하였으면 어찌 전파하리요 기록된 바 아름답도다 좋은 소식을 전하는 자들의 발이여 함과 같으니라"
_〈로마서 10:15〉

우리는 모두 보내심을 받은 하나님의 백성, 즉 성도이다. 성도란 세상 가운데 구별된 하나님의 백성인 동시에, 세상 가운데 보냄을 받은 예수 그리스도의 제자가 아니겠는가! 복음을 전하는 인생은 참으로 아름다운 인생이다. 성령님이 우리 가운데 임재하시면, 우리는 성령의 능력으로 하늘의 복된 소식을 전하는 축복된 인생이 된다. 복음을 전하는 것은 결코 나의 능력이 아니다. 오순절 날 성령강림 사건이 그러했다. 성령이 각 사람에게 임했을 때, 그들은 성령이 말하게 하심에 따라 방언으로 말하기 시작했다.

방언은 여러 가지 은사 중 하나인데, 우리가 주목해야 할 것이 있다. 〈사도행전〉 2장 11절의 "우리가 다 우리의 각 언어로 하나님의 큰 일을 말함을 듣는도다"라는 구절이다. 제자들이 방언, 즉 헬라로마시대의 각 나라의 언어로 하늘의 소식을 전한 것이다. 그리고 이 역사적 사건과 함께 베드로의 설교를 통해 수많은 영혼이 예수님 앞에 회개하며 돌아왔다. 성령님의 임재하심을 간구하라! 성령님께서 임재하시면 우리의 인생이 변할 것이요, 변화된 나의 입술을 통해 가정과 직장에서 복음을 담대하게 전파할 것이다.

〈사도행전〉 2장 36~41절을 보면, 베드로의 첫 번째 설교가 기록되어 있다. 베드로는 "너희가 십자가에 못 박은 이 예수를 하나님이 주와 그리스도가 되게 하셨느니라"고 선포한다. 단순하지만 놀라운 설교이다. 성령님의 임재 가운데 그의 능력으로 전한 말씀이기 때문이다. 베드로가 이 말씀을 전했을 때, 하루에 3천 명이 주님께 돌아왔다고 한다. 성령의 능력이 얼마나 놀라운가! 기억하길 바란다. 영혼이 돌아오게 하는 능력은 전하는 나에게 있는 것이 아니라 하늘로부터 임한다는 사실을 말이다.

19세기 중반, 영국의 한 시골에 눈이 굉장히 많이 왔다고 한다. 성전에서 예배를 드려야 하는데 눈이 너무 많이 와서 대부분의 성도가 교회를 못 오게 되었다. 그런데 더 큰 문제는 성도들뿐만 아니라 설교하시는 목사님도 못 오신 것이다. 예배를 드려야 하는데, 하나님의 말씀을 전할 자도 없었다. 그나마 교회에 온 성도들이 서로 멀뚱멀뚱 쳐다보다가 '존 에글린'이라는 집사님이 일어나서 설교를 하기 시작했다고 한다. 그런데 존 집사님은 준비를 못해서 횡설수설했다고 한다.

집사님은 하나님이 마음에 감동을 주시는 대로, 이런저런 말씀을 전했다. 그러다가 〈이사야서〉 40장의 말씀이 떠올라 "여호와를 앙망하는 자는 새 힘을 얻습니다. 독수리가 날개 쳐 올라감 같은 그런 새로운 능력을 얻습니다. 하나님을 바라보십시오. 하나님을 믿으십시오"라고 하늘을 향해 소리쳤다고 한다. 이때 이곳에서 말씀을 듣던

13세의 소년이 있었는데, 그가 바로 '찰스 스펄전' 목사였다. 그때 전해진 메시지가 능력의 말씀이 되어 스펄전에게 부딪혀왔다. 그의 인생을 바꿔 놓는 성령의 역사가 임한 것이다. 성령의 능력이 임하면 연약한 우리도 '존 에글린' 집사님과 같이 사용될 줄 믿는다.

우리는 한 번의 설교를 통해 3천 명을 주님께 인도한 베드로를 누가 예수님께 인도했는지 기억하는가? 〈요한복음〉 1장을 보면, 베드로는 자신의 동생 안드레가 인도했다는 사실을 확인할 수 있다. 그럼, 안드레는 누가 인도했는가? 세례 요한이 인도했다. 요한이 예수님께서 지나가실 때 "보라 세상 죄를 지고 가는 하나님의 어린 양이로다"라고 말하자, 요한의 두 제자 중 한 명인 안드레가 예수님께 인도되었던 것이다. 성령의 능력을 바라자. 그러면 우리도 베드로처럼 사용될 수도 있고, 안드레처럼 사용될 수도 있다.

우리는 모든 사람에게 복음을 전해야 한다. 복음을 알지 못하는 모든 사람에게 복음을 전해야 한다. 베드로의 설교를 통해 3천 명이 주님 앞에 돌아왔다고 한다. 그 3천 명은 어떤 자들이었을까? 당시에 이미 신앙생활의 가능성을 가지고 하나님 앞에 바로 서려고 발버둥치던 사람이었는가? 아니다. 정반대였던 사람들이다. 예수님의 십자가에 원수로 살았던 사람들이다. 바로 50일 전쯤에 예수님을 십자가에 못 박으라고 모였던 성난 군중에 있었던 사람들이 많았다.

하나님께서 복음을 주신 것은 2천 년 전 베드로를 통해 말씀하고 있는 그 사람들에게만 주신 것이 아니다. 나와 우리, 가족과 친구와 이웃들 모두를 위해 주신 복음이다. 우리를 통해 복음 가운데 나올 수많은 영혼이 포함되어 있는 것이다. 예수 그리스도의 은혜와 그 크신 하나님의 사랑이 우리 가운데 역사하길 바란다. 인생이 끝났다고, 소망이 없다고, 절망과 좌절에 눈물 흘리면서 주저앉아 있는 영혼들에게 복음의 능력으로 하나님의 사랑을 전할 수 있는 우리가 되길 소망한다.

하늘의 소식,
사랑을 전하라

복음을 받아들이지 않는 심령에는 영적 교만이 자리 잡고 있다. 교만한 인생은 자신이 죄인이라는 것을 인정할 수도, 회개할 수도 없다. 많은 죄의 목록이 성경에 등장하지만 특별히 하나님은 교만이 패망의 선봉이라고 말씀하셨다. 교만한 마음을 어떻게 깨뜨릴 수 있을까? 안타깝게도 우리 주위에는 교만한 사람이 많다. '나의 힘을 믿어라, 나의 능력을 믿어라, 나의 경험을 믿어라' 하는 교만한 사람들이 심지어 교회 안에도 적지 않다. 많은 경우 그 마음 가운데 열등감과 외로움, 절망이 가득하기에, 다른 사람에게 보이지 않게 하려고 자신을 포장한다. 자신의 텅 빈 가슴을 다른 사람에게 들키지 않기 위해 자신을 보호하고 자신을 높이는 경우가 많다. 다른 사람에게 상처를 주는 사람도 그렇다. 자신이 상처받는 것이 너무나 두렵기 때문에, 상처받기 전에 다른 사람에게 상처를 준다.

높아질 대로 높아진 교만한 심령에, 영적으로 텅 빈 가슴에 우리가 주어야 할 메시지는 무엇인가? 하늘의 소식, 바로 하나님의 사랑을 전해 주어야 한다. 하나님은 당신을 아낌없이 사랑하신다고, 더 줄 것이 없을 정도로 생명까지 내어 주셨다고 말이다. 성령님께서 우리에게 임재하사, 입술 가운데 주님의 사랑을 넣어 주시길 바란다. 반복되는 일상 속에 그저 그런 세상의 뉴스들, 먹고사는 이야기가 아니라 주님의 사랑을 전하면 얼마나 좋을까? 살면서 만나는 수많은 사람에게 온전히 복음을 전할 수 있는 우리가 되었으면 좋겠다.

성령님이 임하시면 우리는 비전을 보게 되고, 하나님을 만난 사람은 복음을 전하게 된다. 그러나 그 모든 일이 우리의 능력으로 되는 것은 아니다. 하나님의 능력, 성령의 능력이 필요하다. 아마도 성령의 능력이 아니었다면, 베드로는 〈사도행전〉 2장과 같은 설교를 담대히 하지 못했을 것이다. 뿐만 아니라 설교를 들은 3천 명이 단번에 주님을 믿지 못했을 것이다. 이것은 예수님이 붙잡혀 가시던 날, 세 번이나 부인했던 베드로의 모습과 비교해 보면 확실히 믿어질 것이다.

우리의 삶도 마찬가지이다. 성령의 능력이 없으면, 예수님을 부인했던 베드로와 같다. 하늘의 소식을 전하기는커녕 다른 사람 앞에서 그리스도인이라 말하는 것조차 부끄러워할 것이다. 그냥 적당히 은밀하게 교회에 다니는 무리의 신앙인 말이다. 그러나 성령이 임하면 달라진다. 성령의 능력이 임하면 우리의 입을 여신다. 담대함을 주신다. 베드로처럼 소망의 메시지, 생명의 메시지를 증거 할 수 있게 되는 것이다. 베드로처럼 복음을 전할 때 3천 명이 주님께 돌아오는 역사, 당신도 그런 사명자가 되고 싶지 않은가?

뿐만 아니라 성령이 우리 가운데 임재하면, 하나님의 마음으로 영혼을 보게 된다. 이전에는 다 똑같은 인생 같고 다 성공한 것 같으며 다 잘사는 것 같은데, 하나님의 마음으로 영혼을 보게 되면 지옥을 향하여 가고 있는 영혼들이 보인다. 아흔아홉 마리의 양을 두고 한 마리의 양을 찾기 위해 길을 나서시는 주님의 마음이 느껴지는 것이다. 마른 뼈같이 말라비틀어져 지옥을 향해 가는 가족과 친구와 이웃이 눈앞에 있는데, 그들을 어찌 그냥 두겠는가? 당장 달려가 그들을 붙잡고 복음을 전하고 싶어지지 않겠는가?

인도에 성자라고 불리는 '선다싱'이라는 사람이 있었다. 그는 인도의 사도 바울이라고 불리는 사람이었다. 그는 히말라야 산맥을 타고 산길을 다니면서 복음을 전했는데, 하루는 추운 겨울날 눈이 덮여 있는 그 산길에 쓰러져 있는 한 사람을 본 것이다. 눈길에 쓰러져 있어서 죽었나 했는데, 살아 있음을 발견하고 선다싱은 이 사람을 살려야

겠다고 생각하고는 등에 업고 길을 걸었다. 추운 겨울날에도 땀을 뻘뻘 흘리면서도 사람을 살려야 하기에 계속해서 온힘을 다해 걸었다.

한참을 가는데 뒤에서 누군가가 오는 것을 보고 선다싱은 쓰러진 사람을 함께 업고 가자고, 그 사람에게 부탁을 했다. 그러자 그 사람은 "내 몸 혼자 추스르기도 어려운데, 어떻게 사람을 메고 갑니까?"라고 하면서 먼저 지나가 버렸다. 결국 선다싱은 혼자서 힘겹게 쓰러진 사람을 업고 길을 갔다. 그렇게 길을 가고 있는데 또 한 사람이 쓰러져 있는 게 아닌가! 자세히 보니 아까 먼저 간 그 사람이었다. 그는 이미 죽어 있었다. 그때 선다싱은 깨달았다. '아, 나는 죽어가는 사람을 살리기 위해 업은 것인데 오히려 이 사람 때문에 내가 살았구나!'

신앙의 여성은 이와 같다. 천성을 향해 가는데, 그 길에는 너무나 많은 사람이 쓰러져 있다. 너무나 많은 사람이 절망하고 눈물을 흘리며 힘들어 하는 것이다. 예수 그리스도의 십자가 복음을 알지 못해, 생명의 길을 알지 못해 죽어가고 있다. 사탄은 괜찮다고 이야기한다. 복음을 전하지 않아도 별일이 없다고 한다. 그러나 괜찮은 것이 아니다. 시간은 계속 흘러간다. 그 영혼들은 죽음의 길 가운데 헤매고 있다. 그중에 몇 사람이라도 구원을 해야 하지 않을까? 더욱이 구원받지 못한 영혼도 안타까운 것이지만, 복음을 전하지 않는 나의 영혼도 점차 그들을 닮아간다. 다른 이들을 구원하는 길이 나도 함께 사는 길이다.

예수를 믿었는데, 복음의 능력을 알았는데, 하늘의 능력을 경험했는데 나 혼자 천국에 가겠다고 하는 사람은 정말 불쌍한 영혼이다. 하나님 보시기에 참으로 안타까운 영혼이다. 결국 세상의 유혹 가운데 빠져서 믿음도 잃어버리고, 후회의 인생이 된다. 우리는 복음의 능력으로 하늘의 소식을 전하는 그리스도인이 되길 바란다. 예수님의 십자가와 부활의 능력이 매일의 삶에 일어나야 한다. 예수 안에서 날마다 죽고 날마다 사는 우리가 되길 바란다. 하늘의 능력으로 하늘의 소식을 담대히 전하는 우리가 되길 소망한다.

- 성령의 임재를 경험했는가? 만약 성령의 임재를 경험하지 못했다면, 간절히 성령을 구하라. 신앙생활은 나의 의지와 노력으로 할 수 있는 것이 아니다.

- 당신의 신앙 연수는 얼마인가!? 그 기간 동안 얼마나 하늘의 소식을 전했는가? 진정 복음의 능력을 받은 사람이라면, 죽어가는 영혼을 가만히 두지 못할 것이다.

4 하나님의 시대적 열정

winning
gospel

인생에는 우여곡절이 있다. 아픔도 있고, 왜 이런 시련이 찾아왔는지 이해가 안 되는 일들도 많다. 그러나 기억하라! 하나님은 계속해서 우리의 삶을 통해 일하고 계신다. 다른 사람이 보았을 때, 절대로 행복한 인생이 아닐 수 있다. 그러나 그 안에 하나님께서 함께하심으로 형통하게 하신다. 정말 때로는 하나님께서 나를 잊으신 것처럼 느껴질 때도 있다. 의심만 가득할 때가 있다. 그러나 하나님은 우리를 절대로 잊지 않으신다. 하나님의 역사 안에 우리의 인생이 있음을 잊지 마라.

역사의 주관자이신 하나님

하나님께서는 우리에게 꿈을 주신다. 꿈에는 미래가 담겨 있다. 요셉의 꿈이 그러했고, 왕의 꿈도 그러했다. 애굽의 미래, 7년의 풍년과 7년의 흉년을 꿈꾸게 하시고 해석하게 하신 분도 하나님이심을 기억하라. 역사를 주관하시는 하나님이 우리의 하나님이 되신다는 것을 보여 주신 것이다. 우리의 미래는 하나님의 손에 달려 있다. 나의 인생이 하나님의 손 안에 있는 것이다. 이스라엘 백성들만 하나님의 손에 있었던 것이 아니다. 이방 나라 애굽도 하나님의 손에 있었다. 하나님은 온 우주 만물을 창조하시고 다스리시며 지금도 운행하신다.

내 인생의 주권이 하나님께 있고, 미래도 하나님께 있다. 우리 민족의 미래가 하나님께 있는 것이다. 뿐만 아니라 북한의 미래나 세계의 정세도 하나님의 손에 있다. 때문에 우리는 세상을 붙잡지 말아야 한다. 세상에 소망을 둘 이유가 없다. 지금도 살아 계시고, 나의 삶을 주관하시며, 역사를 이끄시는 하나님만 바라보고 붙드는 우리가 되길 바란다. 그런데 왜 하나님은 애굽에 7년의 풍년과 7년의 흉년을 주셨을까? 아니, 왜 그런 것을 꿈으로 알려주시는 것일까? 혹시 궁금해 했던 적은 없었는가?

역사를 주관하시는 하나님께서 그냥 이끌어 가시면 되는데, 왜 꿈을 꾸게 하셨을까? 하나님의 시대에 대한 열정, 계획을 우리가 알기를 원하신 것이다. 다시 말해, 역사의 주권이 하나님께 있음을 우리에게 알리시기 위함이다. 또한 우리가 문제에 대비하여 준비할 수 있게 미래를 보여 주신 것이다. 결국 꿈을 해석함으로써 요셉을 세우시지 않았는가? 이스라엘 백성을 위하여, 애굽을 위하여 그 시대를 향한 하나님의 열정과 계획이 있었던 것이다. 그것을 준비하기 위해서 요셉을 총리로 세우신 것이다.

우리를 향한 하나님의 목적이 있다. 그리스도인으로서 반드시 붙잡아야 할 두 가지가 있는데, 하나는 하나님의 사랑이요, 또 하나는 하나님께서 주신 사명이다. 하나님의 은혜로 우리가 구원을 받았고, 하나님의 자녀가 되었으며, 하나님의 사랑을 입었다. 요셉 또한 하나님의 은혜로 총리가 되었다. 성공한 인생이 된 것이다. 그런데 총리가 되는 것보다 더 중요한 것이 있다. 총리가 되어서 무엇을 하느냐, 어떤 사명을 주셨느냐는 것이다. 요셉의 삶과 나의 삶은 다르다고 생각하는가? 절대로 아니다.

지금도 살아 역사하시는 하나님의 말씀이 우리의 삶 가운데 메시지로 들려야 한다. 그리스도인이라면 마땅히 꿈을 꾸어야 한다. 왜냐하면 하나님은 꿈을 주시는 분이기 때문이다. 요셉이 꾸었던 꿈은 아닐지 모른다. 그러나 성경말씀을 통해 본다면, 모든 그리스도인은 반드시 꿈을 꾸어야 한다. 성령님이 임하시면 꿈을 꾸게 되어 있다고 말씀한다.

> "하나님이 말씀하시기를 말세에 내가 내 영을 모든 육체에 부어 주리니 너희의 자녀들은 예언할 것이요 너희의 젊은이들은 환상을 보고 너희의 늙은이들은 꿈을 꾸리라"_〈사도행전 2:17〉

어떠한 꿈과 환상인가? 어떠한 비전과 소망인가? 바로 인간을 구원하시고자 하는 하나님의 열정을 보게 되는 것이다. "누구든지 주의 이름을 부르는 자는 구원을 받으리라"는 말씀이 바로 그리스도인의 삶이다. 요셉이 젊은 날 꾸었던 꿈은 성공을 위한 꿈이 아니었다. 이스라엘 백성을 구원하시고자 하는, 시대를 구원하시고자 하는 하나님의 열정이었던 것이다. 오늘날, 이 시대를 바라보라. 어둠과 아픔 속에서 하나님을 알지 못하고 구원의 길을 찾지 못해 헤매는 이 시대를 말이다. 주님이 주신 꿈을 외면하지 않길 바란다.

이스라엘 백성들의 역사를 보면, 정말 위기의 때가 많았다. 특히 하나님께 범죄함으로써 북이스라엘과 남유다가 나누어질 때에는 정말 영적인 위기가 있었다. 사실 북이스라엘은 물질적으로 굉장히 풍요했다. 왜냐하면 평야가 위치해 있어서 아주 비옥한 곡창지대였기 때문이다. 그런데 영적으로 어두웠다. 성전이 남유다에 있었기에, 여로보암 왕이 북이스라엘에 성전을 세웠는데 그 안에 금송아지를 세우게 되면서 결국은 우상 신전을 세우게 된 것이다. 제사장도 세웠지만, 하나님의 말씀을 증거 하지 않았다.

북이스라엘은 겉으로는 아주 풍요로웠지만, 영적으로는 완전히 피폐하여 하나님을 대적하였던 것이다. 어두운 시대 가운데 하나님은 선지자를 사용하셨다. 그중에 한 선지자가 바로 아모스였다. 하나님께서는 아모스에게 다음과 같이 말씀하셨다.

"주 여호와의 말씀이니라 보라 날이 이를지라 내가 기근을 땅에 보내리니 양식이 없어 주림이 아니며 물이 없어 갈함이 아니요 여호와의 말씀을 듣지 못한 기갈이라"_〈아모스서 8:11〉

북이스라엘에 기근을 보내실 것인데, 양식이 없어서 주림이 아니요 물이 없어서 갈함이 아니라 여호와의 말씀이 없는 기갈이라고 하신 것이다. 이 시대에 마치 풍년처럼 흥청망청 지내는 수많은 영혼이 있다. 자신의 성공을 위하여, 향락을 위하여 죄의 길로 나아가고 있는 수많은 사람 말이다. 그러나 흉년은 온다. 영적인 흉년 정도가 아니라 심판의 때가 있다는 말이다. 반드시 마지막 날에 주님이 다시 오시면, 즉 주님이 재림하시면 심판을 하신다는 것이다. 그리스도인으로서 우리는 어떻게 살아야 하는가?

하나님의 열정을 가지고, 시대적 사명을 가지고 복음을 증거 하는 수많은 선교사님이 전 세계에서 활동하고 계신다. 우리나라에서만 파송된 선교사님들이 공식적으로 무려 2만 5천 명이 넘는다. 교회가 세워지고 한인이 세운 이민 교회만 무려 4천 9백 개가 넘는다고 한다. 가는 곳마다 교회를 세워서 복음이 확장되는 것이다. 뿐만 아니라 우리나라 안에 들어와 있는 외국인들도 상당수를 이루고 있다. 외국인들을 위한 선교회가 있는 교회가 많고, 또 헌신하는 그리스도인이 얼마나 많은가!

주님이 다시 오시는 그날은 우리가 알 수 없다. 하지만 말세의 징조들을 말씀하셨는데, 성경을 통해 볼 때 마지막 때가 그리 멀지 않았다는 것을 우리는 짐작할 수 있다. 늦기 전에 우리는 다시금 결단하고 헌신해야 한다. 세상의 소망과 계획에 따라서 사는 것이 아니라 역사를 주관하시는 하나님을 의지하고 따라가며 순종하고 헌신할 수 있길 바란다.

사실 요셉의 삶에 드러난 기적의 역사보다 우리의 삶에 더 놀라운 기적이 일어났다. 바로 우리가 예수님을 믿고 구원받은 것이다. 하나님의 자녀가 된 것이다. 영원히 죽을 수밖에 없는 죄인이었는데, 예수 그리스도의 십자가 보혈로 죄사함을 받은 것이다. 이스라엘이나 애굽만이 아니라 열방에 복음을 전하는 하나님의 사람이 된 것이다. 총리로 세움을 받은 요셉에게 하나님이 꿈을 주시고 시대적 사명을 주셨다고 한다면, 영원한 생명을 받은 우리 그리스도인들에게도 하나님이 주신 꿈이 있는 줄 믿는다. 한 번 사는 인생, 하나님의 마음을 품고 복음을 증거 할 수 있길 바란다.

시대를 향한
하나님의 열정

복음에 대한 열정, 전도에 대한 열정, 선교에 대한 열정 하면 떠오르는 사람이 바로 바울이다. 〈사도행전〉 14장을 보면, 마음에 하나님의 불을 간직하고 복음에 열정을 가졌던 바울과 바나바가 나온다. 안디옥 교회는 성도들이 기도하고 금식하면서 성령님의 말씀에 따라 바울과 바나바를 파송하게 된다. 드디어 선교 여행을 떠나게 된 그들은 복음의 열정 때문에 예루살렘에서, 안디옥에서 루스드라까지 걸어간 것이다. 어마어마한 일정을 열정 하나로 참고 견디며 나아간 것이다.

바울과 바나바는 루스드라에서 나면서부터 걷지 못한 사람을 만나고는 하나님의 능력으로 그를 일으킨다. 이에 루스드라에 있는 사람들이 몰려왔고, 바울은 그들에게 다음과 같이 말했다. "하나님이 지나간 세대에는 모든 민족으로 자기들의 길들을 가게 방임하셨으나"라고 말이다. 이는 지나간 세대가 있다는 것인데, 다시 말하면 새로운 세대가 열렸다는 것을 의미한다. 여기서 당신은 지나간 세대와 새로운 세대를 가르는 기준이 무엇인지 알겠는가? 바로 예수 그리스도를 말한다.

이천 년 전에 바울이 이 말씀을 하고 있다. 물론 지나간 세대에도 주님을 드러내지 않으신 것은 아니다. 하늘에서 비를 주시고, 결실의 수확을 주시며, 식탁을 마주하면서 누리는 기쁨들이 있었다. 바로 일반 계시, 즉 일반 은총이다. 〈로마서〉에 나와 있듯이 양심의 법을 통해서, 하나님께서 존재하시는구나를 알게 하셨다는 것이다. 그러나 이제는 과거의 지나간 세대가 아니라 새로운 세대가 도래했다.

예수 그리스도로 말미암아 지나간 세대와 새로운 세대가 나눠지게 된 것이다. 주전과 주후로 역사가 나뉘고, 구약과 신약으로 하나님의 말씀이 나눠진 것이다. 우리가 살고 있는 이 시대는 구약시대가 아니다. 이 시대는 신약의 예수님께서 십자가에서 죽으시고 부활하시며 승천하신, 또 다른 보혜사를 보내셔서 이 땅에 교회를 시작하신 시대이다. 성령님께서 강림하신 이후의 시대를 살고 있는 것이다. 이 시대를 향한 하나님의 열정, '모든 민족은 하나님께 돌아오는 것'을 위해 바울과 바나바는 루스드라로 들어간 것이다.

하나님의 선교 전략은 굉장히 간단하다. 바로 한 영혼을 통해 시작하신다는 것이다. 바울과 바나바를 통해 하나님은 루스드라에 복음의 첫 발을 내딛게 하셨다. 그리고 지나간 세대가 아니라 이제는 새로운 세대의 문을 열기 위해서 바울과 바나바를 통해 복음의 씨앗을 뿌리셨는데, 바로 루스드라에서 사람들에게 주목받지 못한 사람 즉 나면서 걷지 못한 사람을 통하여 놀라운 기적을 베푸신 것이다. 바울은 말씀을 전하면서 그 사람을 주목해서 보니, 그 가운데 구원을 얻을 만한 믿음이 있었다고 성경은 기록한다.

구원을 얻을 만한 믿음이, 나면서 걷지 못한 그에게 있었던 것이다. 구원이 무엇인가? 영적으로 하나님의 자녀가 되는 것이다. 영원한 저주와 사망에서부터 영원한 생명과 천국을 누리는 것이다. 그런데 이 구원이라는 단어가 헬라어로 '소조'(sώζω)인데, 이 단어는 영적인 구원에서만 쓰이는 것이 아니라, 질병에서 치료를 받는 육체적인 구원을 얻는 것에도 쓰인다. 하나님의 복음이 있는 곳에는 영적인 구원도 있지만, 우리의 필요를 채우는 육신의 구원도 있다.

루스드라에 있는 나면서 걷지 못한 그는, 구원받았을 뿐 아니라 일어나 걷게 되었다. 구원은 들음에서 시작하는 것이다. 하나님의 복음을 들을 때 믿음이 생겨 난다.

"그러므로 믿음은 들음에서 나며 들음은 그리스도의 말씀으로 말미암았느니라"_〈로마서 10:17〉

믿음은 하나님의 말씀을 들음에서 나는 것이다. 왜? 하나님의 말씀은 살아 있고 운동력이 있기 때문이다. 말씀을 들을 때, 우리의 삶 속에 구원의 역사가 일어나는 것이다. 수십 년간 또는 다년간 하나님의 말씀을 듣고도 나의 삶 가운데 변화가 없다면, 믿음의 성장이 없다면 그것은 문제가 있는 것이다.

"하나님의 말씀은 살아 있고 활력이 있어 좌우에 날선 어떤 검보다도 예리하여 혼과 영과 및 관절과 골수를 찔러 쪼개기까지 하며 또 마음의 생각과 뜻을 판단하나니"_〈히브리서 4:12〉

하나님의 말씀은 살아 있어서 우리의 혼과 영 가운데 놀라운 역사들을 일으킨다. 뿐만 아니라 관절과 골수, 즉 육체를 찔러 쪼갠다고 한다. 하나님의 말씀은 살아 있고 운동력이 있기에, 그 말씀이 그대로 우리의 심령 가운데 믿음으로 받아들여질 때 우리 영혼이 구원받을 뿐만 아니라 우리의 육체 가운데 새로운 역사가 일어나게 되는 것이다. 루스드라의 나면서 걷지 못한 사람에게는 그런 믿음이 있었던 것이다. 바울은 그를 향해 "일어나 네 발로 서라"고 외쳤다. 그리고 그는 그 말씀 가운데 일어났다.

기적이 일어나니까 사람들이 놀라 난리가 났다. 얼마나 놀랐는지, 당시 헬라 문화권이었던 루스드라 사람들의 입에서 헬라어가 아닌 루가오니아 방언이 나왔다. 오늘날로 생각하면, 점잖게 표준어를 구사하던 사람이 너무 놀라 자신도 모르게 심한 사투리가 튀어나온 것이다. 그리스 신화를 따랐던 루스드라 사람들은 기적을 보고 바나바를 '제우스다', 바울을 '헤르메스다'라고 하면서 제사장을 데려와 그들에게 제사를 지내려고 했다. 이에 바울과 바나바는 자신이 또 다른 우상이 되자, 큰 소리로 부르짖으며 옷을 찢었다.

복음이 있는 곳은 영혼이 구원받고, 육체가 구원받는다. 또 그 시대의 문화와 사상도 구원을 받는다. 루스드라를 보라! 복음 앞에서 그리스 철학과 신화가 한순간에 깨어져 나갔다. 그리고 복음의 스토리가 생겼다. 그 땅이 변화된 것이다. 하나님의 말씀이 들어가면 영적인 부흥과 각성은 물론이요, 육체적인 기적도 일어나며, 우리 삶의 현장 가운데 놀라운 하나님의 은혜가 임한다. 루스드라 사람들이 바울과 바나바에게 제사를 지내려고 할 때, 바울과 바나바는 다음과 같이 외쳤다.

"이르되 여러분이여 어찌하여 이러한 일을 하느냐 우리도 여러분과 같은 성정을 가진 사람이라 여러분에게 복음을 전하는 것은 이런 헛된 일을 버리고 천지와 바다와 그 가운데 만물을 지으시고 살아 계신 하나님께로 돌아오게 함이라"〈사도행전 14:15〉

예루살렘에 성령이 임하심으로 하나님의 복음이 증거되자, 새로운 세대의 문이 열렸다. 그러나 그때까지도 안디옥은 지나간 세대로 머물고 있었다. 이후 안디옥 교회가 세워지고 바울과 바나바가 파송될 때쯤, 그 안디옥에는 지나간 세대가 아니라 새로운 세대의 문이 열린 것이다. 물론 그때에도 루스드라는 여전히 지나간 세대에 머물고 있었다. 그러나 이제 바울과 바나바로 인해 루스드라에도 새로운 세대가 열린 것이다. 복음으로 말미암아 말이다.

우리나라는 어떠한가? 19세기에 선교사님들이 복음을 가지고 이 땅에 들어와서, 그 복음의 씨앗과 열매를 통하여 새로운 세대가 열렸다. 물론 그때까지도 제주도에는 새로운 세대가 오지 않았다. 그러나 1907년 평양대부흥이 일어나고 평양에 독노회가 세워지면서 우리나라 최초로 평신도 7명이 목사 안수를 받았고, 그중 한 분인 이기풍 목사님이 제주 선교사로 파송되면서 비로소 제주도에도 새로운 세대가 시작되었다. 우리가 살고 있는 이 시대, 지금도 여전히 지나간 세대를 살고 있는 민족과 나라가 많다.

루스드라가 지나간 세대를 살고 있을 때 하나님께서 바울과 바나바를 부르셔서 그들 가운데 새로운 세대를 시작하게 하신 것처럼, 아직도 지나간 세대를 살고 있는 나라와 민족 가운데 우리가 바울과 바나바가 되어야 한다. 이것이 하나님의 시대적 열정이요, 우리에게 주신 사명이다. 우리나라가, 한국 교회가 하나님의 시대적 열정에 합당한 그릇으로 온전히 쓰임받길 소망한다. 영혼을 일으키실 뿐만 아니라 육체를 일으키시며, 이 시대와 열방을 일으키실 하나님의 시대적 열정이 우리 안에 넘치길 기도한다.

- 하나님께서 역사의 주관자이심을 믿는가? 그 이유는 무엇인가? 당신의 생각이나 경험을 위주로 말해 보라.

- 하나님의 시대적 열정에 대하여 당신의 생각을 정리하라. 하나님이 당신에게 주신 꿈과 비전이 있을 것이다. 그 꿈과 비전이 하나님의 시대적 열정과는 어떠한 관련이 있는지 정리해 보자.

PART
04

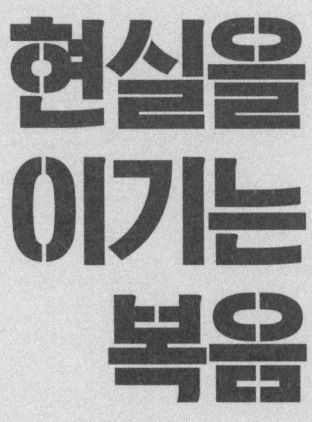

현실을 이기는 복음

**PART 04
현실을
이기는
복음**

1. 생수의 강
2. 하늘 문이 열리는 위대한 인생
3. 충만한 기쁨
4. 하늘의 자유를 경험하라

1 생수의 강

winning
gospel

예수님께서 이 땅에 오신 이유, 즉 예수님께서 이루시고자 하셨던 하나님 아버지의 뜻은 바로 영혼을 구원하시는 것이었다. 하나님의 뜻을 예수님께서 이 땅에 행하셨다. 성경에서 예수님은 하나님의 놀라운 계획 가운데 사마리아로 들어가신다. 사마리아 여인을 만나시고 구원하시기 위해서 말이다. 더 나아가 그 한 사람을 통해 수가성 전체를 복음화하시려고 가신 것이었다. 이처럼 주님은 영혼을 구원하기 위해 어디든 찾아가시는 분이다. 오늘날 우리의 삶에도 친히 찾아와 주셔서 우리를 구원하신 분임을 확실히 믿으라.

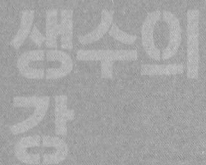

1 생수의 강

목마름 없는 인생

사마리아 여인은 참으로 비참한 인생을 살았던 사람이었다. 이제까지 남편이 다섯 그리고 지금도 다른 남자와 살고 있는 것이다. 이런 여인에게 주님은 친히 찾아가셨다. 사실 여인의 입장에서 본다면, 예수님을 만난 것은 우연이다. 항상 물을 길러 오는 일상 가운데 하루는 우물가에 유대인 남자가 앉아 있을 뿐이었다. 어쩌다가 만나게 된 것이다. 그러나 주님의 입장에서 본다면, 그것은 우연이 아니었다. 하나님의 뜻이요, 섭리였던 것이다. 우리가 주님을 만난 것도 그리고 주님을 예배하는 것도 하나님의 계획 가운데 있음을 믿길 바란다.

참으로 놀라운 일이었다. 주님이 일상 가운데 만나 주신 것이다. 그것도 '여섯 시쯤' 말이다. 여섯 시라고 하여, 오늘날 여섯 시가 아니다. 오늘날로 환산하면 정오 열두 시인 것이다. 상상해 보라! 이 여인은 다른 사람들의 눈을 피해서 아침과 저녁이 아닌 태양이 쨍쨍 내리쬐는 정오에 맞춰 물을 길러 나왔다. 주님은 여인의 일상을 다 알고 계셨다. 주님은 이 땅에 인간의 몸을 입고 오셨지만, 하나님이시기에 우리의 사정을 다 알고 계신 것이다. 오늘도 주님은 우리의 일거수일투족을 모두 알고 계신다.

사마리아 여인은 짓밟힌 인생이었다. 남편이 무려 다섯 번이나 바뀐 사람이다. 남편이 떠나고, 또다시 떠날 때 여인은 비참함을 느꼈을 것이다. 생지옥 같은 인생이었을 것이다. 그러나 한편으로는 새로운 남자를 만날 때마다 실낱같은 희망이 있었을 것이다. 이를 악물고 '이번만큼은 행복하리라'고 다짐하고 또 다짐했을 것이다. 그러나 항상 여인의 꿈과 희망은 깨어지고 말았다. 모두 실패로 돌아간 것이다. 그때 주님이 찾아오셨다. 우리의 실패한 인생 가운데에도 주님이 찾아오시기를 간절히 원한다. 주님은 목마른 인생에 은혜 주시길 원하신다.

예수님께서는 여인에게 "물을 좀 달라"고 하셨다. 일상적인 언어로 말씀하셨다. 마음의 문을 열기를 원하신 것이다. 사마리아 여인의 입장에서 보면 그녀의 일상으로 찾아 들어오신 것이다. 우리가 예배를 드릴 때, 일상의 습관 또는 종교적인 습관을 가지고 나올 수 있다.

그러나 그 가운데서도 주님과 만나면 인생에 놀라운 일들이 일어난다. 똑같이 차를 몰고 오고 주차를 하며 주보를 들고 예배의 자리에 앉아 있지만, 주님의 말씀이 들려지기 시작하면 우리의 삶에는 변화가 시작된다. 주님의 은혜는 이렇게 시작되는 것이다.

사마리아 여인에게 찾아오신 주님이라면, 우리 가운데 어느 누구도 주님을 만날 수 없는 인생은 없을 것이다. 주님은 우리를 주목하고 계시고, 목마르지 않은 인생으로 초대하길 원하신다. 예수님께서 물을 달라 하시니, 이 여인은 "당신은 유대인으로서 어찌하여 사마리아 여자인 나에게 물을 달라 하나이까"라고 이야기한다. 이 여인에게는 편견이 가득 차 있었던 것이다. 그때 주님은 "네가 만일 하나님의 선물과 또 네게 물 좀 달라 하는 이가 누구인 줄 알았더라면 네가 이러지 않았을 것이다"라고 말씀하신다. 그리고 영원히 목마르지 않는 생수를 말씀하신다.

이 여인은 이해하지 못한다. 생수를 주시겠다는 주님의 말씀을 이해하지 못한 것이다. 영적으로 둔하여 세상적으로만 생각한 것이다. 차림새를 보아 하니 물을 길을 그릇도 없는데, 이렇게 깊은 우물에서 어떻게 생수를 준단 말인지 도무지 알 수 없었던 것이다. 그러고는 주님께 "우리 조상 야곱이 이 우물을 우리에게 주셨고 또 여기서 자기와 자기 아들들과 짐승이 다 마셨는데 당신이 야곱보다 더 크니이까"라고 아주 떳떳하고 자랑스럽게 이야기한 것이다. 예수님과 야곱을 비교한 것이다.

우리도 이 여인과 같지 않은가? 자신의 생각과 경험 가운데 주님을 가두고 있지는 않은가? 우리 주님은 우리의 생각보다 크신 분이다. 요즘 말로, 상상 그 이상의 분이다. 우리가 원하는 것보다 더 많은 것을 주시는 분이다. 주님께는 불가능이 없다. 우리는 주님께 놀라운 소망이 있고, 영원한 생명이 있음을 반드시 믿어야 한다. 주님은 이 여인에게 "이 물을 마시는 자마다 다시 목마르려니와 내가 주는 물을 마시는 자는 영원히 목마르지 아니하리니 내가 주는 물은 그 속에서 영생하도록 솟아나는 샘물이 되리라"고 말씀하신다.

주님은 믿는 우리에게 목마르지 않는 물, 영원히 솟아나는 샘물을 주셨다. 구원을 주셨다. 그러나 예수님을 믿지만 그 인생 가운데 여전히 컬컬하고 목마른 인생, 세상을 좇아다니는 인생이 있는가? 주님은 이 여인에게 "네 남편을 불러 오라"고 말씀하신다. 그냥 물을 주면 되는데, 남편을 데리고 오라는 것이다. 즉 여인 자신의 실체를 보라는 것이다. 네가 목마르다는 것을 인정해야 한다는 것이다. 영적인 굶주림이 있을 때 바로 보라고 하시는 것이다. 여인은 결국 주님 앞에 인정한다.

주님은 우리의 삶을 다 알고 계신다. 누군가가 나의 과거와 내면을 속속히 다 파헤쳐 알고 있다면, 우리는 굉장히 불편하고 불안하며 부끄러울 것이다. 주님은 우리의 모든 것을 다 아시지만, 그것을 있는 모습 그대로 받아 주신다. 사마리아 여인의 모습을 다 알고 계시지만, 그 모습을 다 받아들이면서 그곳까지 찾아가신 사랑의 주님이시다. 우리는 그런 주님께 다 내려놓아야 한다. 과거를 청산하지 않고 나의 삶 가운데 어려움과 좌절과 절망과 죄악을 내려놓지 않으면, 미래가 없다.

아직 주님을 믿지 못하는 마음, 의심의 마음이 조금이라도 있다면 주님을 초청하여 들이라. 영원히 목마름이 없는 인생을 우리에게 주실 것이다. 주님을 믿지만, 여전히 목마름이 있다면 주님을 더욱 믿으라. 영원히 샘솟는 샘물이 우리 안에 넘쳐흐를 것이다. '생수'라는 표현은 '구원'을 의미하기도 하지만, 〈요한복음〉 7장을 보면 '성령'을 의미하기도 한다.

"[37]명절 끝날 곧 큰 날에 예수께서 서서 외쳐 이르시되 누구든지 목마르거든 내게로 와서 마시라 [38]나를 믿는 자는 성경에 이름과 같이 그 배에서 생수의 강이 흘러나오리라 하시니 ³⁹ 이는 그를 믿는 자들이 받을 성령을 가리켜 말씀하신 것이라 (예수께서 아직 영광을 받지 않으셨으므로 성령이 아직 그들에게 계시지 아니하시더라)"_〈요한복음 7:37~39〉

즉 우리가 주님을 믿으면 우리 안에 주님의 영, 성령님께서 내주하신다. 그러나 중요한 것은 이 성령님이 끊임없이 흘러가는 성령의 충만함이 있어야 한다는 것이다. 예수님을 믿는 사람과 성령님이 내주하는 사람은 많다. 그러나 모든 그리스도인이 성령의 충만함이 있는 것은 아니다. 주님은 성령의 충만함을 구하라고 말씀하시는 것이다. 성령의 충만함이 있을 때, 비로소 날마다 솟아나는 능력이 있기 때문이다. 세상은 우리에게 영원한 만족을 주지 못한다. 예수님을 믿지만 무기력하고 답답한가? 성령의 충만함을 구하라!

"여호와는 나의 목자시니 내게 부족함이 없으리로다"_〈시편 23:1〉

우리가 빈 잔을 들 때에 주님은 우리의 빈 잔을 채워 주신다. 성령의 은혜로 채워 주사 목마름이 없는 인생으로 인도하실 것이다. 〈시편〉 23편 1절의 고백이 우리의 고백이 될 수 있길 바란다. 주님을 만난 사마리아 여인은 결국 물동이를 버리고 동네로 들어간다. 이런 축복과 환희가 우리 인생에도 펼쳐질 수 있길 바란다. 인생 가운데 목마름이 있다면, 주님 앞에 내려놓으라. 주님이 친히 사마리아 여인을 찾아가셔서 여인의 삶을 회복시키고 그 가운데 영원히 목마르지 않은 은혜를 주신 것처럼, 우리의 삶 가운데도 놀라운 은혜를 주실 것이다.

성령의 충만함을 구하라

앞에서 '생수'는 '구원'을 의미하기도 하지만, '성령'을 의미하기도 한다고 했다. 목마른 인생에서 성령의 은혜가 필요하다. 우리 몸에 있어서 물은 참으로 중요하다. 당신은 물 없이 살 수 있는가? 우리에게 물이 없으면 결국에는 죽는다. 통계를 보면, 오늘날에도 마실 만한 깨끗한 물이 없어서 생명의 위협을 당하고 질병의 아픔 가운데 있는 사람들이 무려 전 세계에 9억 명이나 된다고 한다. 전 세계의 13%나 되는 인구가 마실 물이 없어 죽음의 위협 앞에 놓여 있다는 것이다.

우리에게 마실 물이 있다는 것, 생수가 있다는 것은 정말 큰 축복이다. 마찬가지로, 주님이 말씀하시는 물, 생수가 없으면 우리는 영원히 죽을 수밖에 없다. 영원한 목마름을 해결해야 하는 이유가 바로 이것이다. 주님은 "누구든지 목마르거든 내게로 와서 마시라"고 말

씀하신다. 영적으로 갈급한 모든 인생을 부르고 계신 것이다. 하나님
을 떠나 있는 인생을 말이다.

"모든 사람이 죄를 범하였으매 하나님의 영광에 이르지 못하
더니"_〈로마서 3:23〉

보는 사람은 죄 가운데 있다. 영적인 목마름에 있는 것이다. 그 목
마른 인생 가운데 주님께서는 우리를 초청하고 계신다. 가진 것이 없
어도, 배운 것이 없어도, 유명하지 않아도 상관없다. 성별도, 출신 배
경도, 언어와 인종도 상관없다. 주님은 누구든지 목마르거든 와서 마
시라고 하셨다. 그러면 성령께서 생수의 강처럼 역사하신다는 것이
다. 주님을 믿으라! 주님을 믿을 때, 그 안에 모든 해결함이 있다. 그런
데 〈요한복음〉 7장 39절을 보니, "예수께서 아직 영광을 받지 않으셨
으므로 성령이 아직 그들에게 계시지 아니하시더라"는 표현이 있다.

그렇다면 성령님은 언제부터 계셨을까? 성령님은 어제나 오늘이
나 계신다. 태초 전부터 영원까지 계신 분이다. 삼위일체 하나님의
한 위격이신 분이다. 〈창세기〉 1장부터 성령님은 등장하신다. 〈요한
복음〉 7장 39절의 말씀은, 성령님께서 계시나 제자들 속에 내주하고
계신 것은 아니라는 뜻이다. 예수님께서 영광을 받으신 때는 언제인

가? 성경을 보면, 예수님께서 갈보리 언덕에서 모든 인류의 죄를 대신하여 십자가에서 죽으실 때 영광을 보이신다고 말씀한다. 그 갈보리 언덕의 공로가 영광의 사건인 것이다.

예수님께서는 전 인류의 죄를 감당하시기 위해 죽으시고 삼 일 만에 부활하심으로써 인류의 구세주, 구원자 그리스도가 되셨다. 그리고 부활하신 예수님께서는 승천하셨는데, 승천하신 이후에 또 다른 보혜사 예수의 영이신 성령께서 우리 가운데 임재하신 것이다. 〈사도행전〉 2장을 보면, 제자 120명이 다락방에 모여 기도할 때 성령님께서 강림하시는 놀라운 역사가 있었다는 것을 볼 수 있다. 다시 말해, 〈요한복음〉 7장의 제자들에게는 성령이 계시지 않았을지 몰라도 〈사도행전〉 2장 이후를 살고 있는 그리스도인들에게는 성령이 임재하시는 것이다.

"그러므로 내가 너희에게 알리노니 하나님의 영으로 말하는 자는 누구든지 예수를 저주할 자라 하지 아니하고 또 성령으로 아니하고는 누구든지 예수를 주시라 할 수 없느니라" 〈고린도전서 12:3〉

우리는 예수님을 주님이라고 고백하는 자, 성도이다. 예수님을 나의 구주, 나의 하나님으로 고백하는 그리스도인이다. 그러나 이것이 그냥 된 것은 아니다. 성령님으로 가능했다는 것이다. 성령님이 아니고서는 이런 일은 불가능하다는 말이다. 예수님을 믿는 자, 그리스도인이라면 우리 안에 성령님께서 내주하실 줄 믿는다.

> "¹그러므로 이제 그리스도 예수 안에 있는 자에게는 결코 정죄함이 없나니 ²이는 그리스도 예수 안에 있는 생명의 성령의 법이 죄와 사망의 법에서 너를 해방하였음이라"_〈로마서 8:1~2〉

그리스도 예수 안에 생명의 성령의 법이 있다. 우리가 예수님을 모실 때, 우리 안에 성령님께서 계시는 것이다. 영원토록 떠나지 않는 성령님, 우리가 그 성령님을 모실 때 우리의 심령은 영원히 마르지 않는 생수의 강이 흘러넘칠 것이다. 예수님을 믿으라! 그래야 우리의 인생에 목마름이 없는 영원한 생수가 흘러나게 될 것이다. 때로는 예수님을 믿지 않는 데도 목마름을 느끼지 못할 수도 있다. 그것은 더 안타까운 일이다. 영적인 목마름이 없다고 생각하는 것 자체가 영적인 무지로 고통받고 있다는 것을 말해 준다.

간혹 그리스도인 중에 삶의 조건을 많이 따지는 사람들이 있다. 예수님을 믿는 것은 기본이고, 거기에 더해서 돈과 명예도 좀 있어야 한다고 말이다. 이들에게 과연 기쁨이라고 말하는 믿음이 있을까? 즉 예수님을 믿는 그 신앙에 문제가 있기에 세상의 욕망에 집착하는 것은 아닐까? 혹시 예수님을 만나 본 경험이 없기에, 회심에 대한 체험이 없기에 세상 사람들과 똑같은 삶을 사는 건 아닌지 자신을 돌아봐야 한다. 세상 사람들과 똑같이 갈증을 느끼고, 그 갈증을 해결하기 위해 세상으로 달려가는 건 아닌지 말이다.

예수님을 믿는 사람들에게는 세상의 다른 모든 것이 인생의 목적과 방향이 되지 않는다. 바울의 고백처럼 내가 그리스도와 함께 십자가에 못 박힌 것이다. 이제는 내가 사는 것이 아닌 내 안의 그리스도께서 사는 것이다. 이 믿음을 고백하는 사람이 진정한 믿음의 그리스도인이다. 우리 가운데 성령을 근심하게 하는 것, 성령의 강물을 막아 서는 세상의 것이 있다면 주님 앞에 회개하여 내려놓을 수 있길 바란다. 우리가 믿을 때 생수의 강이 흘러나온다. 하나님 앞에 성령의 내주하심은 물론 충만함을 구하라!

> "[9]내가 또 너희에게 이르노니 구하라 그러면 너희에게 주실 것이요 찾으라 그러면 찾아낼 것이요 문을 두드리라 그러면 너희에게 열릴 것이니 [10]구하는 이마다 받을 것이요 찾는 이

는 찾아낼 것이요 두드리는 이에게는 열릴 것이니라 [11]너희 중에 아버지 된 자로서 누가 아들이 생선을 달라 하는데 생선 대신에 뱀을 주며 [12]알을 달라 하는데 전갈을 주겠느냐 [13]너희가 악할지라도 좋은 것을 자식에게 줄 줄 알거든 하물며 너희 하늘 아버지께서 구하는 자에게 성령을 주시지 않겠느냐 하시니라"_〈누가복음 11:9~13〉

🌱 당신의 인생 속에 여전히 목마름이 있는가? 어떤 목마름인가? 목마름을 영원히 해결하기 위한 당신의 선택은 무엇인가?

🌱 주님을 진정 만났다면, 인생의 변화를 경험하게 된다. 성령의 내주하심과 충만함을 구하라! 당신의 간구를 구체적으로 적어 보라.

2 하늘 문이 열리는 위대한 인생

winning
gospel

그리스도인에게 있어서 하늘이 열리는 인생은 참으로 중요하다. 그런데 더 중요한 것은, 열린 하늘 가운데 무엇을 보느냐이다. 하늘이 열렸는데, 소돔과 고모라처럼 불과 유황이 떨어지면 안 되는 것이다. 스데반은 하늘이 열리는 것을 보고 그 가운데 계신 하나님의 영광을 보았다. 우리도 하늘이 열리고 그 가운데 계신 하나님의 영광을 볼 수 있길 바란다.

2 하늘 문이 열리는 위대한 인생

땅의 것과
하늘의 것

세상에는 두 종류의 사람이 있다. 세상의 영광을 보는 사람과 하나님의 영광을 보는 사람이다. 땅의 것만 바라보고 세상의 부귀영화를 좇아가는 사람이 있는가 하면, 하늘의 것을 바라보며 하나님의 영광을 따라가는 사람이 있다. 스데반은 하나님의 영광을 바라보았던 사람이다. 그런데 하나님의 영광을 보려면 전제 조건이 있다. 바로 세상의 영광을 내려놓아야 한다. 세상의 모든 죄악을 내려놓아야 한다.

"모든 사람이 죄를 범하였으매 하나님의 영광에 이르지 못하더니"_〈로마서 3:23〉

즉 죄 가운데 있으면 하나님의 영광을 볼 수 없다. 당신은 지금까지의 삶 가운데 무엇을 바라보았는가? 세상을 보았는가, 아니면 하나님의 영광을 보았는가? 각자의 모습을 돌아보면 우리가 처한 환경은 솔직히 절망과 슬픔이 가득하다. 세상을 바라보면, 고통과 좌절뿐이다. 그러나 하나님의 영광을 볼 때, 그 영광의 빛이 모든 어둠을 무너뜨릴 것이다.

스데반이 산헤드린 공의회에 서 있을 때, 그는 하늘이 열리고 그 속에서 하나님의 영광을 보았다. 그런데 스데반을 돌로 치려고 나왔던 유대인들은 하나님의 영광을 보지 못했다. 왜? 그들은 죄 가운데 있었기 때문이다. 그들이 죄 사함의 은총을 받고 예수 그리스도를 주로 시인하여 주님을 믿는다고 했다면, 그 자리에서 스데반이 본 하나님의 영광을 동일하게 보았을 것이다. 그러나 같은 공간에 있어도 그들은 하나님의 영광을 전혀 보지 못했다. 여전히 땅의 것만 바라보면서 스데반을 돌로 치려고 하는 무리였다.

〈사도행전〉 7장을 보면, 스데반은 유대인들에게 복음을 증거 했다. 구약성경으로부터 예수 그리스도에 이르기까지 말이다. 그때 유대인들의 마음에는 찔림이 있었다. 그런데 그 찔림은 우리가 생각하는 것과는 조금 다른 찔림이었다.

"그들이 이 말을 듣고 마음에 찔려 그를 향하여 이를 갈거늘"

_〈사도행전 7:54〉

마음에 찔리면 자복하고 회개하여 주님께 돌아와야 하는데, 그들은 회개하지 못하고 오히려 이를 갈았다. 여전히 죄가 그들 가운데 있었다. 때문에 그들은 하나님의 영광에 이르지 못했다. 그들의 모습을 보면서 우리 자신을 돌아보라. 사실 다른 사람이 나의 죄를 지적하면 기분이 어떠한가? 당연히 나쁘다. 나를 지적하는 사람을 보면, 미울 뿐만 아니라 마음속에서 분노가 치밀어 오를지 모른다. 스데반이 전하는 하나님의 말씀에 유대인들은 마음에 찔림이 있었으나, 그들은 회개는커녕 스데반을 향해 이를 갈았던 것이다.

부디, 우리는 스데반에게 돌을 던진 유대인들과 같은 사람은 되지 않기를 바란다. 누가 이야기하든지, 그 말씀이 하나님의 말씀이라고 생각한다면 겸손하게 마음의 무릎을 꿇어야 한다. 물론 유대인들이 마음에 찔림을 받았을 때 항상 이를 간 것은 아니다. 〈사도행전〉 2장을 보면, 성령강림 이후에 베드로가 설교한다. 그때 베드로의 설교를 들은 유대인들은 가슴을 치면서 회개하였다. 그들은 마음의 찔림을 받은 후에 주님께 나아와 회개했던 것이다. 그런데 스데반을 돌로 친 유대인들은 동일한 복음을 들었음에도 전혀 다른 반응을 하였다. 왜일까?

사실 예루살렘 성전은 유대인들의 삶 가운데서 떼려야 뗄 수가 없다. 스데반이 긴 설교를 했는데, 맨 마지막에 "너희는 예루살렘 성전을 우상으로 섬기고 있다"고 말한 것이다. 다시 말해, 참 성전이신 예수 그리스도를 증거 했던 것이다. 유대인들은 전통 안에서, 관습 안에서 주님을 섬겼다. 예루살렘 성전은 그들의 종교적인 열심뿐만 아니라 경제적인 이권과도 연결되어 있었다. 당시 얼마나 많은 유대인이 예루살렘 성전을 순례했는지 아는가? 또 얼마나 많은 사람이 제사를 지냈는가? 여기서 엄청난 돈들이 왔다 갔다 한 것이다.

하나님은 예루살렘 성전에 계신 것이 아니라는 고백은, 결국 유대인들의 삶에 있어서 생계를 위협하는 일이기도 했다. 그들이 가졌던 생각과 이생의 자랑, 세상의 관습과 모든 종교적인 철학까지 무너뜨린 것이었다. 그래서 그들은 가만히 있을 수 없었던 것이다. 하늘이 열리고 그 가운데 계신 하나님의 영광을 바라보길 원한다면, 우리는 우리 가운데 있는 세상의 자랑과 욕심과 모든 것을 내려놓아야 한다. 하나님 앞에서 우리의 마음에 찔림이 되는 죄가 있다면, 즉시 회개할 수 있길 바란다.

물론 하나님은 항상 찔림만 주시는 것은 아니다. 사랑의 메시지를 주시기도 하고, 위로와 격려를 하실 때도 있다. 그러나 죄에 대해서

만큼은 말씀 가운데 가차 없이 지적하시고 깨닫게 하신다. 말씀을 들을 때 마음에 찔림이 있는가? 겸손하게 마음의 무릎을 꿇고 주님께 회개하여 스데반과 같이 하늘이 열리고 그 가운데서 하나님의 영광을 볼 수 있길 바란다.

하나님의 영광

우리는 하늘이 열리고 그 가운데서 하나님의 영광을 바라보아야 한다. 하나님의 영광을 누릴 수 있어야 한다. 어떻게? 하나님의 영광은 굉장히 추상적으로 보이지만, 사실 그렇지 않다. 우리가 날마다 드리는 예배에서 하나님의 영광을 볼 수 있기 때문이다. 하나님의 영광에 압도될 때 우리는 예배의 감격을 누린다. 하나님의 영광의 깊은 곳으로 나아갈 때 우리는 무엇을 보게 되는가? 바로 예수 그리스도를 만나게 되는 것이다. 〈사도행전〉 7장을 통해 성경의 기록을 다시 살펴보자.

> "55스데반이 성령 충만하여 하늘을 우러러 주목하여 하나님의 영광과 및 예수께서 하나님 우편에 서신 것을 보고 56말하되 보라 하늘이 열리고 인자가 하나님 우편에 서신 것을 보노라 한대"_〈사도행전 7:55~56〉

우리는 하나님의 영광에 깊이 나아갈수록 예수 그리스도를 만나게 된다. 스데반의 삶은 예수 그리스도를 주목하는 삶이었다. 어떻게 알 수 있을까? 스데반은 돌에 맞아 순교하기 직전에 남긴 두 마디의 말이 있는데, 우리는 이를 통해 그의 삶을 돌아볼 수 있다.

"59그들이 돌로 스데반을 치니 스데반이 부르짖어 이르되 주 예수여 내 영혼을 받으시옵소서 하고 60무릎을 꿇고 크게 불러 이르되 주여 이 죄를 그들에게 돌리지 마옵소서 이 말을 하고 자니라"_〈사도행전 7:59~60〉

첫 번째는 "주 예수여 내 영혼을 받으시옵소서"라고 주 예수님을 부른 것이다. 사람은 극한 상황에서 자신의 속마음을 제일 잘 알 수가 있다. 스데반이 평소에 자주 예수님의 이름을 부르지 않았더라면, 주님의 말씀으로 살지 않았더라면 이는 쉽지 않았을 것이다. 스데반은 평소에 예수님께 기도했을 뿐 아니라, 자신의 영혼과 삶을 주님께 의탁하며 살았다. 때문에 죽기 직전에 "주 예수여 내 영혼을 받으시옵소서"라고 고백한 것이다.

두 번째는 "주여 이 죄를 그들에게 돌리지 마옵소서"라고 기도한 것이다. 이는 누구의 기도와 닮았는가? 바로 예수님의 기도와 닮았다. 예수님께서 십자가를 지시기 전에 외치셨던 그 기도와 닮았다. 스데반은 죽음 직전뿐만 아니라 삶 전체가 주님을 따라가는 삶이었다. 주님의 십자가를 묵상하는 삶이었던 것이다. 우리의 평생도 주님을 바라보고 주목하여 삶을 드릴 수 있는 인생이 될 수 있길 바란다. 우리가 평소의 삶 속에서 주님을 바라볼 때, 하늘이 열리고 하나님의 영광을 보며, 죽음 직전까지도 주 예수 그리스도를 주목하는 위대한 인생이 되는 것이다.

스데반이 "보라 하늘이 열리고 인자가 하나님 우편에 서신 것을 보노라"고 외쳤다. 그때 유대인들의 반응은 어떠했는가? 소리를 지르고 귀를 막으며 달려들었다. 그리고 성 밖으로 내치고 돌을 던져 죽이려 했다. 유대인들은 스데반이 외쳤을 때, 그렇게 한 이유가 있다. 그것은 스데반이 서 있던 장소가 바로 얼마 전 예수님이 심문을 받으셨던 곳이었고, 스데반의 외침 속에 예수님이 증거되고 있었기 때문이다.

대제사장들과 온 공회가 모여서 예수님을 심문했다. 이는 복음서 전반에 나타나 있는데, 대표적으로 〈마태복음〉 26장에 잘 나와 있다. 대제사장은 예수님께 "이 사람의 말이 내가 하나님의 성전을 헐고 사흘 동안에 지을 수 있다 하더라"고 묻는다. 예수님은 아무 대답도 안 하셨다. 대제사장은 다시 "네가 하나님의 아들 그리스도인지 우리에게 말하라"고 묻는다. 이에 예수님께서는 "네가 말하였느니라"고 대답하셨다. 예수님은 하나님의 아들이요, 그리스도셨다. 이어 예수님께서는 예언을 하신다.

"예수께서 이르시되 네가 말하였느니라 그러나 내가 너희에게 이르노니 이 후에 인자가 권능의 우편에 앉아 있는 것과 하늘 구름을 타고 오는 것을 너희가 보리라 하시니"_〈마태복음 26:64〉

그런데 그 예언대로 이루어진 것을 스데반이 외쳤던 것이다. "보라 하늘이 열리고 인자가 하나님 우편에 서신 것을 보노라"고 말이다. 이는 무엇을 말하는가? 바로 너희가 죽인 예수 그리스도께서 하나님의 아들이시오, 지금도 살아 계시는 메시아라고 말한 것이다. 예수님은 구원자요, 역사를 주관하시는 하나님이라고 외쳤던 것이다. 이에 그들은 가만히 들을 수 없었을 것이다.

예수님은 지금도 살아 계시며, 말씀을 지키시는 분이다. 어제나 오늘이나 동일하신 분이다. 지금도 하늘에서 왕권을 가지고 주관하시는 분임을 우리는 믿어야 한다.

예수님의 예언과 스데반이 본 모습이 서로 다른 점이 있다. 예수님은 "인자가 권능의 우편에 앉아 있는 것을 보리라"고 예언하셨다. 그런데 스데반이 순교 직전에 바라본 모습은 "하늘이 열리고 인자가 하나님 우편에 서신 것"이었다. 차이를 알겠는가? 신학적으로 여러 각도에서 이야기할 수 있지만, 분명한 것은 예수님께서 하나님 우편에 계셨다는 것이다. 사실 그 순간만큼은 예수님께서 자리에 앉아 계실 수 없었을 것 같다. 스데반의 죽음을 보면서, 그의 삶과 복음에 대한 열정을 보면서 주님께서 벌떡 일어나신 것이 아닐까?

1992년 바르셀로나 올림픽의 한 일화를 기억할 것이다. 육상 400미터 준결승 경기에서 강력한 우승 후보였던 영국의 데릭 레드먼드는 우승 후보답게 경기 시작과 동시에 무섭게 질주를 하였다. 그러고는 결승선을 코앞에 두고 다리 인대가 파열된 것이 아닌가! 그는 자리에 주저앉고 경기를 포기한 채 실려 나가야 할 상황이었다. 그러나 그는 포기하지 않고 절뚝거리며 결승선으로 한 걸음씩 나아갔다. 그러자 관중석에 앉아 있던 그의 아버지가 일어나 경기장으로 내려와 아들을 부축하여 결승선에 같이 들어왔다.

스데반의 순교를 보시던 예수님의 마음이 그러하지 않았을까? 가만히 앉아 계실 수가 없어서 서 계셨던 건 아닐까? '내가 너의 삶을 안다. 내가 너의 아픔을 알지. 너의 고통과 외로움을 내가 안다. 내가 그 길을 갔잖니'라고 말씀하시면서 말이다.

스데반은 하늘의 영광을 보면서 순교했다. 그러나 우리 예수님은 하나님의 영광을 보지도 못하셨다. 캄캄한 하늘에 가려져 있었기 때문이다. 스데반에게 하늘의 영광을 보여 주기 위해서, 우리에게 하늘의 영광을 보여 주기 위해서 우리 주님은 처절하게 저주 가운데서 죽으셨던 것이다.

주님은 우리의 고통과 괴로움을 다 아신다. 사망의 음침한 골짜기를 걸어가는, 그 십자가의 걸음걸이를 아신다. 우리의 소망은 어디에 있는가? 진정 우리의 마음은 어디에 있는가 말이다. 우리가 오직 예수 그리스도만을 바라볼 때, 우리의 인생에 소망이 있는 줄 믿으라.

"¹이러므로 우리에게 구름 같이 둘러싼 허다한 증인들이 있으니 모든 무거운 것과 얽매이기 쉬운 죄를 벗어 버리고 인내로써 우리 앞에 당한 경주를 하며 ²믿음의 주요 또 온전하게 하시는 이인 예수를 바라보자 그는 그 앞에 있는 기쁨을 위하여 십자가를 참으사 부끄러움을 개의치 아니하시더니 하나님 보좌 우편에 앉으셨느니라"〈히브리서 12:1~2〉

우리 앞에 허다한 증인들이 있다. 우리의 십자가 삶은 혼자만의 고독한 삶이 아니다. 스데반을 비롯하여 십자가의 길을 걸어간 수많은 믿음의 선진이 있다. 때문에 우리에게 십자가의 길을 담대히 걸어가라고 말씀하시는 것이다. 십자가의 길을 걸어 하늘이 열리고 하나님의 영광을 보는 위대한 역사가 우리의 삶에 나타나길 바란다.

위대한 인생

하늘이 열리고 하나님의 영광을 보는 인생은 위대한 인생이요, 그리스도를 주목하여 그 은혜가 나에게 다가오는 인생은 영향력을 발휘하는 인생이다. 스데반의 인생은 보잘것없는 인생으로 처참하게 죽은 것 같지만, 놀라운 사실이 하나 있다. 유대인들이 스데반을 돌로 칠 때 그 증인들이 옷을 벗어서 사울이라는 청년 앞에 두었다고 성경은 기록한다. 당신은 이 사울이 누구인지 아는가? 바로 이방인의 사도로 놀랍게 쓰임받은 바울이다. 스데반의 죽음을 통해 하나님께서 바울의 인생 가운데 개입하기 시작하신 것이다.

스데반을 돌로 쳤던 수많은 사람이 있었다. 대제사장도 있었고, 서기관들도 있었으며, 수많은 유대인이 있었지만 〈사도행전〉 가운데 모두 익명으로 처리되어 있다. 그런데 사울이라는 청년만큼은 성경에 기록되어 있다. 즉 스데반의 죽음은 하나님께서 바울의 인생 가운데 개입하신 출발점이 되었다는 것이다. 스데반은 사울이 누구인지 몰랐다. 또한 사울의 마음 문이 그때부터 열린 것도 아니다. 그러나 하나님께서는 〈사도행전〉 7장 마지막에 사울을 등장시키셨다. 스데반의 순교를 통해 사울의 인생을 만지기 시작하신 것이다.

하늘이 열리고 하나님의 영광을 보여 주시며, 주님을 주목하는 위대한 인생은 하나님께서 다른 사람에게 영향을 주는 인생으로 살게 하신다. 하나님의 영광을 바라보며 그리스도를 주목할 때, 우리의 삶을 통해 영혼들이 주님 앞에 돌아온다는 것이다. 가깝게는 우리의 자녀들이 우리의 삶을 통해 주님께 돌아올 것이요, 스데반과 사울처럼 서로 알지 못해도 우리의 삶을 통해 수많은 영혼이 주님께 돌아오게 될 것이다. 이보다 더 위대한 인생이 어디에 있겠는가?

하나님만 바라보라. 세상의 어떠한 것도 두려워하지 마라. 세상이 우리를 어떻게 하지 못한다. 하나님의 사랑 안에서 우리를 결코 끊어 낼 수가 없다. 〈사도행전〉 7장 마지막은 스데반이 "자니라"고 기록한다. 스데반의 죽음을 성경은 왜 "자니라"고 기록했을까? 스데반의 죽음이 끝이 아니었기 때문이다. 하늘의 삶은 영원한 것이다. 하나님의 영광과 예수 그리스도는 영원하다. 예수 그리스도를 따르는 성도의 삶도 영원한 것이다. 영원한 가치를 위해 우리의 인생이 쓰임받는 위대한 인생으로 남길 바란다.

우리의 결단이 필요한 시점이다. 세상의 영광을 버리고 하늘의 영광을 바라보라! 예수님을 주목하여 그분을 온전히 따라가라! 복음의 영향력을 이 땅 가운데 널리 퍼뜨리는 위대한 인생이 될 것이다.

> "55스데반이 성령 충만하여 하늘을 우러러 주목하여 하나님의 영광과 및 예수께서 하나님 우편에 서신 것을 보고 56말하되 보라 하늘이 열리고 인자가 하나님 우편에 서신 것을 보노라 한대"_〈사도행전 7:55~56〉

🌱 당신이 생각하고 행동하는 모든 기준은 하늘의 것이라 할 수 있는가? 땅의 것과 하늘의 것을 구분하고, 잘못된 땅의 욕심들을 내려놓도록 하자.

🌱 당신의 인생에서 가장 힘들고 어려운 점은 무엇인가? 혹시 원인이 땅의 것으로 인함은 아닌가? 하늘에 소망을 둔 인생으로 다시 결단하고 계획하며 실천하라.

성령이 임하시면
역사가 일어난다

성령님이 임하시면 우리 가운데 어떠한 역사들이 나타날까? 성령님이 임하시면 무엇보다 복음의 증인으로 살게 된다는 것을 여러 차례 강조한 바 있다. 온 천하에 복음을 전하는 것은 성령의 권능으로 가능한 것이다.

> "오직 성령이 너희에게 임하시면 너희가 권능을 받고 예루살렘과 온 유대와 사마리아와 땅 끝까지 이르러 내 증인이 되리라 하시니라"_〈사도행전 1:8〉

그러나 동시에 성령의 역사는 다양하게 나타나는데 대표적인 몇 가지만 살펴보자.

첫째, 성령님이 임하시면 무엇보다 믿음이 생긴다. 예수 그리스도에 대한 믿음 말이다. 성령님은 진리의 영이시다. 성령님이 오시면 가리키는 분이 있는데, 바로 예수 그리스도이시다. 예수님께서도 "진리의 성령이 오실 때에 그가 나를 증언하실 것이요"라고 말씀하셨다. 뿐만 아니라 성령이 아니고서는 예수를 주라 시인할 수 없다고 하셨다. 우리가 예수님을 주로 시인하고 고백하며 믿는다는 것은, 이미 우리 가운데 성령님께서 내주하고 계신 증거이다.

성령님은 우리의 심령을 조명하신다. 박물관이나 미술관의 조명을 생각해 보라. 그곳의 조명은 환한 불빛, 그 자체의 목적으로 달아 놓은 것이 아니다. 전시물이나 미술품을 비춰 주기 위해 달려 있는 것이다. 즉 성령님은 자신 스스로를 드러내는 분이 아니라 예수 그리스도를 나타내시는 분이다. 성령님이 임재하여 은혜를 누리는데 정작 예수님을 잘 모른다면, 그것은 성령을 잘못 받은 것이다. 성령이 충만하여 영적 체험이 있다고 하면서 예수 그리스도를 거부한다면, 이것은 잘못된 영의 역사이다. 성령이 오시면 예수 그리스도를 믿는 바른 믿음 가운데 나아가게 된다.

둘째, 성령님이 임하시면 불과 같이 태우시는 역사가 있다. 바로 우리의 죄를 태우시는 것이다. 죄에 대해서 책망하신단 말이다. 당신은 말씀 가운데 책망을 들어 본 경험이 있는가? 사실 우리는 교훈받기를 좋아한다. 좋은 이야기, 위로와 격려의 이야기를 좋아한다. 그러나 성령님께서 말씀하실 때에는 죄를 깨닫게 하신다. 꼭꼭 숨어 있는 죄까지도 남기지 않고 모두 드러나게 하신다. 어찌 보면, 성령님은 굉장히 무서운 분이다. 좌우에 날선 검보다도 예리하며, 마음의 생각과 뜻을 판단하신다.

아나니아와 삽비라를 기억하는가? 그들이 거꾸러졌던 것도 모두 성령의 역사이다. 성령님은 죄를 모두 드러나게 하시며, 하나도 남김없이 태우신다. 우리가 의의 길로 나아갈 수 있게 안내하시는 것이다. 우리 가운데 죄 된 모습이나 회개해야 할 부족한 모습이 있다면, 성령님의 은혜 가운데 죄 사함 받는 놀라운 은혜가 임하길 기도한다.

셋째, 성령님이 임하시면 성도 간의 아름다운 교제가 있다. 성령 안에서 하나가 되게 하시는 것이다. 서로가 서로를 하나로 엮게 하신다. 사도신경을 보면, '성령을 믿사오며 거룩한 공회와 성도가 서로 교통하는 것과'라고 우리는 이미 고백하고 있다. 뿐만 아니라 예배 마지막 축도 시, '주 예수 그리스도의 은혜와 하나님의 사랑과 성령의 교통하심이'라고 기도한다. 다시 말해, 성도는 서로 아파하고 서로 즐거워하며 마음을 나누고 기도해 주는 아름다운 사이인 것이다. 부디, 성령 안에서 성도 간의 아름다운 교제가 일어나길 바란다.

넷째, 성령님이 임하시면 인격이 변한다. 성령님이 임하시면 인간적으로 불가능한 일들이 일어나게 된다. 변하지 않을 것 같은 나의 성품이 변하게 된다. 〈갈라디아서〉 5장을 보면, 성령의 열매가 나온다. 성령의 열매는 사랑과 희락과 화평과 오래 참음과 자비와 양선과 충성과 온유와 절제인데, 모두 인격적인 열매이다. 즉, 성령이 임하면 인격이 바뀌는 것이다. 간혹 성령이 임했는데, 예수님을 믿었는데도 성격은 죽어도 안 바뀐다는 사람이 있다. 과정과 속도는 사람마다 다를 수 있으나, 끝까지 안 바뀌는 것은 문제가 있다.

성령이 임하면 우리의 삶이, 우리의 인격이 변화되는 줄 믿으라. 예수님을 닮아가는 것이다. 예수님처럼 겸손과 온유의 모습으로 변화되는 것이다. 성령의 은혜로 말미암아 주님의 성품으로 변화되는 우리 모두가 되었으면 좋겠다. 우리의 노력이 아닌, 오직 성령님이 임하시면 가능하다. 성령님이 임하여 우리의 성품이 예수님과 같이 되길 기도하라.

다섯째, 성령님이 임하시면 은사가 나타난다. 사역을 감당할 능력을 주시는 것이다. 나의 힘으로 하는 것이 아니라 하늘의 능력으로 말이다. 성경 곳곳에 성령의 은사들이 소개되어 있다. 주님이 주신 달란트로 역사를 이루게 하신 것이다. 성령의 기름부음을 통해 사역적인 탁월한 능력들이 발휘되게 된다.

"¹주 여호와의 영이 내게 내리셨으니 이는 여호와께서 내게 기름을 부으사 가난한 자에게 아름다운 소식을 전하게 하려 하심이라 나를 보내사 마음이 상한 자를 고치며 포로된 자에게 자유를, 갇힌 자에게 놓임을 선포하며 ²여호와의 은혜의 해와 우리 하나님의 보복의 날을 선포하여 모든 슬픈 자를 위로하되 ³무릇 시온에서 슬퍼하는 자에게 화관을 주어 그 재를 대신하며 기쁨의 기름으로 그 슬픔을 대신하며 찬송의 옷으로 그 근심을 대신하시고 그들이 의의 나무 곧 여호와께서 심으신 그 영광을 나타낼 자라 일컬음을 받게 하려 하심이라"〈이사야서 61:1~3〉

여섯째, 성령님이 임하시면 마음이 상한 자를 고치신다. 인생살이 때문에 당신은 얼마나 속이 상하는가? 가정도, 직장도 모두 내가 원하지 않는 대로 꼬이면 얼마나 마음이 힘든가? 끊임없이 원망과 불평이 속에서부터 흘러나올 것이다. 인간에 대한 상처, 세상에 대한 상처, 인생 가운데 받은 모든 상처를 성령님이 임하시면 고쳐 주신다. 포로된 자에게 자유를, 갇힌 자에게 놓임을 주실 것이다. 이런 놀라운 은혜가 성령의 임재 가운데 있음을 믿으라. 성령이 우리 가운데 임하여 우리의 상한 내면을 온전히 고치시리라 확신한다.

성령의 능력의 원천은 예수님이시다

성령님이 임하실 때, 이 모든 역사가 일어나는 능력의 원천은 무엇일까? 이 능력이 어디서 나오는지 알고 바로 붙잡아야 우리가 하늘의 자유를 온전히 누릴 수 있다. 포로된 나의 인생 가운데, 상한 나의 인생 가운데 치유하고 회복하며 고쳐 주어 자유하게 하는 놀라운 은혜가 과연 어디에 있느냐는 것이다. 〈이사야서〉 61장 1~3절 말씀을 다시 살펴보자.

> "¹주 여호와의 영이 내게 내리셨으니 이는 여호와께서 내게 기름을 부으사 가난한 자에게 아름다운 소식을 전하게 하려 하심이라 나를 보내사 마음이 상한 자를 고치며 포로된 자에게 자유를, 갇힌 자에게 놓임을 선포하며 ²여호와의 은혜의 해와 우리 하나님의 보복의 날을 선포하여 모든 슬픈 자를 위로하되 ³무릇 시온에서 슬퍼하는 자에게 화관을 주어 그 재를 대

신하며 기쁨의 기름으로 그 슬픔을 대신하며 찬송의 옷으로 그 근심을 대신하시고 그들이 의의 나무 곧 여호와께서 심으신 그 영광을 나타낼 자라 일컬음을 받게 하려 하심이라"〈이사야서 61:1~3〉

"주 여호와의 영이 내게 내리셨으니"에서 "나"는 누구인가? 우리는 이분을 바로 알아야 한다. 이분을 만나야 그분을 통한 사역의 아름다운 소식도 전해 받는다. 상한 마음도 고침 받고, 포로된 나의 욕심도 자유함을 얻는 것이다. 누구신가? 바로 예수님이시다. 〈누가복음〉 4장을 보면, 우리는 예수님께서 나사렛 회당에 들어가셔서 〈이사야서〉 61장 1~3절의 말씀을 그대로 전하셨음을 볼 수 있다. 뿐만 아니라 마지막에 "이 글이 오늘 너희 귀에 응하였느니라"고 말씀하심에 따라 곧 말씀이 이루어졌음을 알 수 있다.

"[18]주의 성령이 내게 임하셨으니 이는 가난한 자에게 복음을 전하게 하시려고 내게 기름을 부으시고 나를 보내사 포로 된 자에게 자유를, 눈 먼 자에게 다시 보게 함을 전파하며 눌린 자를 자유롭게 하고 [19]주의 은혜의 해를 전파하게 하려 하심이라 하였더라 [20]책을 덮어 그 맡은 자에게 주시고 앉으시니 회당에 있는 자들이 다 주목하여 보더라 [21]이에 예수께서 그

들에게 말씀하시되 이 글이 오늘 너희 귀에 응하였느니라 하시니"_〈누가복음 4:18~21〉

먼저, 예수님께서는 세례 요한에게 세례를 받으셨다. 사실 예수님은 죄가 없으신 분이기 때문에 세례를 받으실 필요가 없었다. 또한 죄가 없으신 분이기 때문에 십자가에 돌아가실 필요도 없었다. 죽음과 부활을 경험하실 필요가 없었던 것이다. 그러나 주님은 우리를 대신하여 이 모든 것을 감당하셨다. 예수님께서 세례 요한에게 세례를 받으실 때, 어떤 일이 일어났는가? 성경은 "성령이 비둘기 같은 형체로 그의 위에 강림하셨다"고 기록한다. 성령이 임하신 것이다. 그때에 〈이사야서〉 61장의 말씀이 예수님을 통해 성취된 것이다.

여기서 한 가지 우리가 살펴보고 가야 할 것이 있다. 바로 '기름부음 받은 자'이다. '기름부음 받은 자'라는 것은 '메시아'의 뜻이다. 히브리어로 '메시아스'(Μεσσιας)와 헬라어로 '크리스토스'(Χριστός)는 모두 '기름부음 받은 자'라는 의미를 가지고 있다.

"주 여호와의 영이 내게 내리셨으니"라는 말씀은 메시아 된 예수 그리스도께서 나타나신 것으로, 예수님께서 성령의 기름부음을 받은 이후에 하나님의 놀라운 사역이 나타났음을 의미한다. 즉 예수님을 만나면 상한 마음이 치유를 받고, 예수님을 믿으면 포로 된 자가 자유함을 얻는다는 말이다. 예수 그리스도 이름 안에 이 모든 능력이 있다.

예수님은 기름부음 받은 자로서, 공생애 기간에 가시는 곳마다 하나님의 역사를 나타내셨다. 하늘의 능력이 나타난 것이다. 오병이어의 기적이 일어났고, 병든 자들을 고쳐 주셨으며, 걷지 못하는 자들을 일으키시고, 눈 먼 자들은 눈을 뜨게 하셨다. 뿐만 아니라 풍랑이 주님의 말씀으로 잠잠해지며, 죽었던 나사로를 4일 만에 다시 살리셨다. 예수 그리스도의 능력이 모든 악한 영, 마귀를 떠나가게 한 것이다. 우리가 예수 그리스도를 만날 때, 우리의 삶과 인생에도 놀라운 기적의 역사가 나타나게 될 줄 믿는다.

예수님을 만난다는 것은 예수님을 믿는다는 것이다. 예수 그리스도의 영이 우리 가운데 오는 것이다. 예수 그리스도의 영은 누구인가? 바로 성령님이다. 성령님의 임재를 의미하는 것이다. 성령의 능력, 그 하늘의 능력이 우리 가운데 임하면 놀라운 역사가 나타나게 될 것이다. 나 자신의 경험을 믿지 마라. 경험보다 하나님의 말씀을 믿으라. 예수님을 믿으면 인생이 조금 나아지는 것이 아니라 전혀 다른 인생으로 바뀌게 된다. 광야 같은 인생에 길이 나고, 사막 같은 인생에 샘물이 터지는 것이다.

"그런즉 누구든지 그리스도 안에 있으면 새로운 피조물이라 이전 것은 지나갔으니 보라 새 것이 되었도다"_〈고린도후서 5:17〉

이 놀라운 역사가 우리 인생에 나타나길 소망한다. 주님은 니고데모에게도 거듭나야 한다고 말씀하셨다. 인생을 새롭게 출발해야 한다는 것이다. 그러한 역사가 예수 그리스도로 말미암아 성령의 은혜로 우리의 삶 가운데 나타나게 될 줄 믿는다.

여호와의 은혜의 해를 선포하라

〈이사야서〉 61장 2절을 보면, "여호와의 은혜의 해"를 선포한다고 말씀한다. '여호와 은혜의 해'란 무엇일까? 구약성경을 보면, 이 '은혜의 해'라는 것은 굉장히 특별한 표현이다. 바로 '희년'을 말하는데, 〈레위기〉 25장을 보면 '희년'에 대하여 다음과 같이 설명하고 있다.

"[8]너는 일곱 안식년을 계수할지니 이는 칠 년이 일곱 번인즉 안식년 일곱 번 동안 곧 사십구 년이라 [9]일곱째 달 열흘날은 속죄일이니 너는 뿔나팔 소리를 내되 전국에서 뿔나팔을 크게 불지며 [10]너희는 오십 년째 해를 거룩하게 하여 그 땅에 있는 모든 주민을 위하여 자유를 공포하라 이 해는 너희에게 희년이니 너희는 각각 자기의 소유지로 돌아가며 각각 자기의 가족에게로 돌아갈지며 [11]그 오십 년째 해는 너희의 희년이니 너희는 파종하지 말며 스스로 난 것을 거두지 말며 가꾸지 아니한 포도를 거두지 말라 ¹²이는 희년이니 너희에게 거룩함이니라 너희는 밭의 소출을 먹으리라"_〈레위기 25:8~12〉

결국 무엇을 말하는가? 이는 우리가 예수 그리스도를 만나면, 예수의 영이 임하시면 해방과 자유가 임하게 된다는 것을 말한다. 여호와의 은혜의 해, 즉 완전한 치료와 회복과 해방과 자유가 우리의 인생 가운데 펼쳐진다는 것이다.

더불어 〈이사야서〉 61장 2절에는 "하나님의 보복의 날"도 선포한다고 말씀한다. 이는 죄에 대한 보복을 말한다. 마음에 상함을 주고 갇히게 만들고, 포로들에게 했던 그 모든 것에 대한 보복인 것이다. 예수 그리스도를 만나면 죄와 사망에 끌려다녔던 우리의 인생을 하나님께서 정리해 주신다. 죄와 아픔과 절망 가운데 이리저리 끌려다니며 허송세월한 나의 과거, 영적으로 짓눌렸던 그 모든 것을 주님이 그리스도 안에서 완전하게 풀어 주신다는 것이다. 주님을 만나면 이런 은혜가 있다.

그리스도인이 많은 우리나라는 세계 1위의 자살율을 기록하고 있다. 이는 무엇을 말하는가? 주님을 믿는 사람과 믿지 않는 사람의 차이가 별로 없다는 것이다. 그리스도인이라 하면서도 여전히 깊은 우울감에 빠져 있고, 절망 가운데 끌려다니며, 죄책감에 두려워 떨고 있을지 모른다. 세상에 끌려다니는 인생인 것이다. 교만과 욕심과 명예욕과 소유욕 그리고 성적인 유혹에서 자유하다고 확신 있게 선언할 수 있는가? 세상의 온갖 유혹과 죄에서 우리를 건질 수 있는 길은 오직 예수 그리스도뿐이다.

〈마가복음〉 5장을 보면, 열두 해를 혈루증으로 앓아 온 한 여자가 나온다. 이 여자는 많은 의사에게 치료를 받느라 가진 것도 모두 허비하였지만, 아무런 효과가 없고 오히려 병이 더 악화되었던 차에 예수님의 소문을 듣게 되었다. 그러고는 예수님 곁에 모여 있는 무리 가운데 끼어 뒤로 와서 예수님의 옷에 손을 대었다. 왜냐하면 여자의 생각에, 예수님의 옷에만 손을 대어도 병이 나을 것이란 믿음이 있었기 때문이다. 여자가 예수님의 옷에 손을 대는 순간, 여자는 자신의 병이 나았음을 깨달았다. 예수님의 능력이 흘러나온 것이다.

오늘날에도 예수님의 주변에 서성이는 사람이 참 많다. 교회도 다니고, 신앙생활도 한다. 그러나 예수님의 옷자락을 터치하면서 주님의 능력을 경험하는 사람이 과연 얼마나 될까? 나는 성령의 임재로 말미암아 하늘의 자유함을 누리는 사람인가? 수많은 사람이 예수님의 말씀을 듣는다. 그러나 많은 인생 속에 여전히 변화가 없고, 자유함이 없다. 그저 예수님을 스쳐 지나가는 것이다. 우리는 예수님의 옷자락을 만져야 한다. 예수님의 능력이 우리에게 흘러야 한다. 하늘의 자유함을 누려야 한다는 것이다.

참으로 놀라운 은혜이다. 예수 그리스도 안에 놀라운 능력이 있다. 복음 안에 참 자유가 있다. 성령의 기름부음이 우리에게도 있길 바란다. 구약에서 성령의 기름부음은 특정한 사람에게만 임했다. 왕과 제사장, 또 선지자들에게 구별되게 기름을 부었다. 왜냐하면 기름부음은 하나님께서 소명을 주셨다는 의미이기 때문이다. 마찬가지로 하나님께서 우리에게 기름을 부으신다는 것, 성령이 임하게 하신다는 것은, 바로 소명을 주신다는 것을 표현한다. 그런데 하나님께서 소명을 주실 때 비전과 목표만 주시는 것이 아니라 그 능력을 함께 주신다.

성령의 기름부음은 오직 하나님의 주권이다. 그러나 우리가 사모할 때 부어 주시는 것이다. 18세기 대각성운동의 주자였던 조나단 에드워즈(Jonathan Edwards)도 "성령의 임재하심이라는 것, 어떤 부흥이라는 것은 전적인 하나님의 주권이다. 그러나 우리는 사모해야 한다. 우리는 기도하면서 기다려야 한다"고 말했다. 구하라, 찾으라, 두드리라! 그러면 성령의 놀라운 은혜가 우리에게 임하게 될 줄 믿는다. 우리가 두 손을 들고 하나님 앞에 간구하는 것이다. "성령이여, 충만히 임하시옵소서. 성령으로 충만히 기름부어 주옵소서"라고 말이다.

성령의 능력으로 말미암아 우리의 상한 것들을 고쳐 주시고, 얽매였던 것들을 주님께서 해방시켜 주시는 놀라운 하나님의 역사가 우리의 인생에 펼쳐지길 바란다. 기도함으로 성령의 은혜를 간구하고, 복음의 실체인 예수 그리스도의 능력으로 현실을 이길 수 있는 진짜 그리스도인이 되자. 지금부터라도 하늘의 자유를 아름답게 누리는 축복의 인생이 되기를 소망한다.

- 성령의 기름부음을 통해 받은 나의 소명은 무엇인가? 그리고 그 소명을 어떻게 감당하길 원하는가?

- 하늘의 자유를 경험하기 위해 나의 삶에 필요한 것은 무엇인지 결단해 보자.